LA VÉRITÉ.

VERTU ET VÉRITÉ.

LE CRI DE JEAN-JACQUES

ET LE MIEN.

A PEKIN.

M. DCC. LXXXVI.

LES
ABUS
DANS LES
CEREMONIES
ET
DANS LES MOEURS
DEVELOPPÉS
PAR MONSIEUR L***.

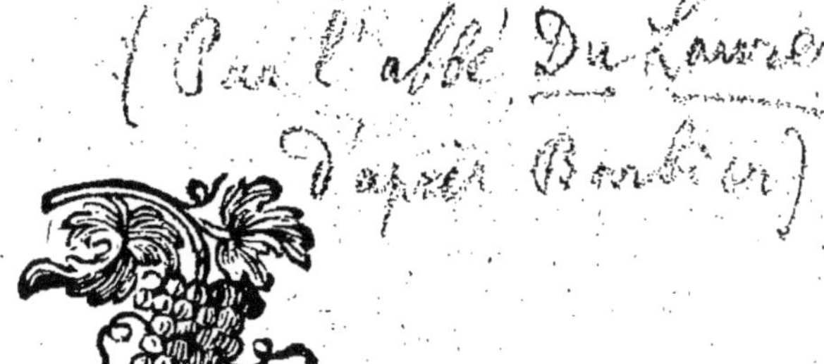

À GENEVE
Chez PIERRE PELLET,
M. DCC. LXXXVI.

TABLE DES ARTICLES

Contenus dans cet Ouvrage.

FIN de la Table des Articles.

ÉPITRE
DÉDICATOIRE

A MON FRERE

JEAN-JACQUES ROUSSEAU,
CI-DEVANT
CITOYEN DE GENEVE.

FRERE.

JE suis un petit *Polichinel* de
la Litttérature *Française*, & toi
le plus grand Ecrivain de ton
siecle : je suis un pauvre Auteur
en tout sens, mais je ne vole
personne ; tu es riche en tous
sens, & tu dérobes les vivans
& les morts. Frere *Jacques*, cela
n'est pas honnête, tu veux corriger ton prochain ; tu es un

infenfé, fi tu ne te corriges toi-
même.

Après avoir lu ton *Contract-
Social*, je m'écriai : Voici le
triomphe de la maifon d'*Adam !*
Oui, depuis la fondation du premier homme, ce Contract eft inconteftablement le plus beau,
qui ait paru fur la terre : c'eft
mon Frere *Jacques* qui a compofé
cet immortel Ouvrage : je ne
connais point de garçon dans les
treize Cantons Suiffes, qui faffe
mieux un Contract ; il ferait la
barbe à tous les Notaires de
Vire & du *Pays Manceau.*

Je chantais ta gloire dans toutes les rues d'*Amfterdam* ; j'acca-
blais d'injures & d'impertinences
ceux qui étaient affez bêtes pour
flétrir, brûler ou méprifer tes écrits.
J'allai un Dimanche à la Paroiffe
des *Quakers*, où le *St. Efprit* me
conduit quelquefois ; à la fortie
de cette affemblée, je rencontrai

A 2

un *Quaker* de mes amis, qui venait de faire un long difcours
fur la Charité, plus beau, plus
onctueux, plus preffant que tous
ceux que j'avais entendus dans
l'*Eglife Romaine*.

Pierre , c'était le nom de ce
bon *Quaker*, m'aborda le chapeau
fur la tête : Frere , me dit-il,
es-tu toujours le panégyrifte de
notre frere *Jacques* ? Pourquoi
non ? depuis *Demofthenes* trouve-
rais-tu un homme , qui ait tant
fait d'honneur à la raifon par des
paradoxes ? Suis - moi , me dit
Pierre ; & fans me queftionner
davantage , il me conduifit dans
fa Bibliotheque , où nous mon-
tâmes par un grand efcalier de
marbre noir, couvert, felon l'u-
fage *Hollandois* , d'une fine toile
de *Frife* (*).

Je fus furpris de l'arrangement

____

(1) Les *Hollandois* refpectent infiniment les

de cette superbe Bibliotheque &
du rare choix des livres. Aucun
insecte n'y rongeait les respecta-
bles morts qui habitaient ce séjour. L'Abbé *Trublet*, *Palissot*,
& *Fréron*, qui tombent par lambeaux sur nos quais, n'avaient
pas la moindre égratignure de
cette vermine, qui par-tout ailleurs s'attache à leurs produ-
ctions. Ils devaient cette faveur
à la poudre contre les vers que
Pierre avoit répandus sur leurs
écrits.

Nous nous promenâmes quelque temps dans ce lieu si agréable pour les personnes qui culti-
vent les Lettres & les Sciences; nous nous plaçâmes à côté

---

marches de leurs escaliers, & les planches
de leurs appartements, qu'ils ont la coutume de couvrir d'une toile, d'un tapis de
Turquie, le tout surmonté d'une natte :
par cette heureuse invention, ils conservent
la propreté de leurs planchers & de leurs
escaliers.

d'une Mappe-Monde, où *Pierre*
rompit le filence , & me dit :
Vois-tu , Frere, cette ingénieufe
machine ? tu fais qu'elle contient
en petit , l'immenfité du monde :
prends un compas , méfure la
hauteur & la largeur de ton in-
capable figure ; approche ta courte étendue de la plus petite Province de ce globe ; compte les
degrés , tu verras que tu n'es
qu'un point infiniment petit dans
ce grand tout:

Après cette effrayante expérience , le *Quaker* me dit , fuc-
comberas-tu encore à l'orgueil
de barbouiller du papier ? Le
mauvais fuccès de tes ouvrages
ne t'a-t-il pas encore corrigé ,
eft-ce à caufe que tu n'as pas affez de tête pour faire un bon livre que tu continues à en faire
de mauvais? Tiens, regarde toutes
ces parties ifolées du monde ;
vois-tu ces *Lapons* qui vivent

long-temps, & ne font point de
livres? Ces *Pongos*, qui ignorent
encore s'ils penfent ou s'ils exif-
tent? Ces Peuples innombrables
ne connaîtront jamais ton nom,
ni celui de *Jean-Jacques*, quoiqu'il faffe beaucoup de bruit à
l'*Opéra*, à *Géneve*, à *Montmo-*
renci, & dans les *Montagnes de la*
Suiffe.

Le *Contract-Social*, dont tu pa-
rais toujours enchanté, n'eft point
de ton Genevois : *Jacques*, avec
fa façon tranchante de raifonner,
n'a pas ce que tu appelles en
France un génie créateur ; va à
la troifieme planche, prends le
livre, *numero* H., ouvre-le, tu
verras que ton Frere *Jacques* a
été le plus effronté voleur du
Vallais.

Ne fachant trop ce que *Pierre*
voulait me dire, j'exécutaï ma-
chinalement fes ordres ; j'allai prendre le livre qu'il m'indiquait : je

l'ouvris, ô Ciel ! quel étonnement de voir, ô frere *Jacques* !
que tu avais pris ton ſiſtême, tes
penſées, tes arguments d'*Ulric
Hubert* ! (**)

J'ai pâli de rage en voyant
ton crime ; les larmes de déſeſpoir coulerent comme deux fontai-
nes de mes yeux. O douleur ! mon
Frere *Jacques*, quel vernis honteux
as tu jetté ſur notre maiſon ! je te
croyais le plus joli garçon de la famille d'*Adam*, & tu n'es qu'un miſé-
rable brigand , (***) enrichi des

(**) Mr. *Rouſſeau* a pris ſon *Contract Social*,
mot pour mot, d'*Ulrici Huberti de Jure Civi-
tatis*, *Lib.* III. Imprimé à Franequer en
Friſe en 1684, & réimprimé à *Francfort*
en 1718. Ce livre eſt dans toutes les grandes
Bibliothéques ; on peut vérifier cette ac-
cuſation.

(**) Les Partiſans du Philoſophe *Genevois* diront peut-être : Peu importe que M. *Rouſſeau*
ait volé *Hubert le Friſon* ; c'eſt *Prométhée*,
qui dérobe pour nous le feu ſacré. Mauvaiſe comparaiſon. *Jacques* ne doit point

dépouilles dérobées au pauvre *Hubert*. O mon Frere ! tu es dans la littérature, ce que *Le Kain* eſt ſur le théatre ; on peut te comparer à cet acteur adoré des étourneaux de *Paris* ; ainſi que lui tu as jetté du ſable dans les yeux du Public. On peut bien être aveuglé pendant quelques inſtants ; mais inſenſiblement le mouvement de l'œil écarte le ſable : on apperçoit peu-à-peu la lumiere, qu'on ſupporte d'abord avec peine ; l'œil débarraſſé de tout ce qui le gêne, revoit le jour avec d'autant plus de plaiſir, que la privation qu'il a ſoufferte, le lui fait revoir plus pur, plus ſerein & plus brillant.

Pour t'engager à devenir hon-

---

aſpirer à la gloire du Fils de *Japhet* & de *Clymene*, il n'a point pris ſon feu dans le Ciel ; mais dans une Bibliotheque. On trouve dans le même endroit le canevas de tous ſes Ouvrages.

14   EPITRE &c.

nête homme, & ne plus voler les
Anciens, ni glaner parmi les plus
habiles des Modernes, je t'offre
l'image de mon Livre, puisse-t-
elle te servir d'exemple pour faire
le bien; tu ne verras aucun larcin dans cet Ouvrage; je n'y bril-
lerai point, comme le geai de la
Fable, d'une parure volée à autrui:
content de mon simple plumage,
j'y paraîtrai pauvre; une honnête
pauvreté est préférable aux richesses acquises par le brigandage &
la fraude. Puisse le Grand-Ar-
chitecte de l'Univers t'accorder
force, sagesse, prospérité & santé; ce sont les vœux les plus ar-
dents de

TON FRERE,

Modeste & Tranquille
Xan-Xung.

M A
CONFESSION.

PRÉFACE.

J'AVAIS envie de faire mes pâques ; je voyais de vielles Dames de la bonne compagnie aller à confesse : l'exemple est séduisant, il entraîne. Madame la Marquise de la R*** qui avait été très jolie, m'assurait qu'elle ne trouvait rien de plus agréable, ni de plus rafraichissant à soixante & dix ans que de faire des Pâques. Le P. *Barbarigo* de la

Villette-aux-ânes (1), me dit-elle, confeffe comme un Ange. Curieux de favoir comme les Anges confeffaient, j'allai trouver le *Capucin* : il me demanda d'abord : y a t'il longtems que vous avez été à confeffe ? dépuis le premier jubilé de *Benoit XIV.* Ce n'eft point d'hier, répondit le *Capucin* ; non affurément, il y a près de dix huit ans. Je vois de fuite que vous n'avez pas l'habitude d'aller à confeffe ; qu'avez-vous fait dépuis ce temslà ? autant de bien à mon prochain qu'il m'a été poffible & beaucoup d'indulgence pour ceux qui m'ont fait du mal. Cela n'eft rien, me

---

(1) Les *Capucins* ont l'ufage de prendre le nom de la terre, ou de la ville où ils font nés. On n'entend dans leurs cloîtres que les noms majeftueux de la Cour : le Frère *d'Orléans*, le Frère *de Condé*, le Frère *de Clermont*, le Frère *de Soubife* &c. &c.

dit brufquement le Père ; n'y a t'il
pas un peu de filles dans votre affaire ? de tems-en-tems j'ai trouvé de
jolies filles , comme je ne les aime
pas mal , votre Révérence penfe
bien que je leur ai dit des douceurs :
Des douceurs ! il n'en faut dire
qu'à la bien heureufe Vierge & aux
Saints , les douceurs ne font pas
pour ce monde .... voyons quelles étoient ces douceurs ? je les
trouvais belles & .... belles !
Voilà de plaifantes épithètes à donner à des filles ; fi vous voulez
voir du beau , régardez le Crucifix ,
c'eft une chofe pleine de beautés.
Je fuis perfuadé , mon Père , qu'on
peut faire de très beaux Crucifix &
qu'un habile artifte ... Qu'appel-
lez-vous artifte ? il ne s'agit pas
ici d'art , ni d'habileté , je dis &
je foutiens qu'un Crucifix de bois ,
de cuivre , de plâtre & de plomb ,

fut-il auffi mal-fait qu'on puiffe le faire, eft toujours beau, vous devez croire celà fous peine de damnation.

Pour appaifer le *Capucin*, qui commençait à s'échauffer, je lui dis : je crois donc qu'un Crucifix mal-fait eft toujours beau. Bon, bon, je vous convertirai ; mais laiffons les Crucifix, revenons aux filles ; avec vos complimens, vos douceurs, n'avez-vous rien fait à ces filles ? mon Père, je les ai embraffées : Ah ! mon cher frère, il vaut mieux embraffer les cinq-plaies, la relique de St. *Ovide*, elle a deux jambes gauches, les cornes de St. *Jean Goule* (1), &

---

(1) Les RR. PP. *Gyri* & *Ribadeneiria*, légendaires *Jéfuites*, affurent que le ciel a fignalé fes merveilles fur le poftérieur de la femme de St. *Jean Goule* : Madame à l'exemple de plufieurs femmes fe mêlait

toutes les chémifes de la Ste. Vierge : mais n'avez-vous fait qu'em-

---

de coëffer fon mari, fa conduite amoureufe
l'avait féparée de *Jean Goule*, on vint lui
dire que fon époux opérait des prodiges :
oui, dit-elle, il fait des miracles, comme
mon cul pète ; à l'inftant elle péta & ne fit
que pèter continuëllement le refte de fa vie.
La ville de *Cambrai* fait tous les ans une
proceffion en mémoire de cette faveur miraculeufe, où l'on traine dans un char de
triomphe le bien-heureux *Jean Goule*, patron de *Cambrai*, le Saint eft figuré au
haut du char par un poliffon d'écolier, qui
tient un grand cartouche, où font écrits
ces beaux vers

> J'avais cru que ma femme
> Aimait la chafteté é é é
> Je vois bien que Madame
> Aime la volupté é é é
> Pour en perdre la mémoire
> Dans le fleuve de l'oubli
> > Biribi
> Je vais boire, je vais boire.

Madame *Jean Goule* eft au milieu du char
repréfentée par une jeune fille chargée de
gros tétons flamands, qui font la beauté
& le faillant de la proceffion ; elle tient en
main l'Hiftoire des fept péchés mortels,

A 3

braſſer les filles ? quand on eſt proche du feu on ſe brule . . . . n'avez-vous pas fait autre choſe ? en cauſant avec elles j'ai gliſſé quelque fois la main ſous des fichus qui m'embarraſſaient. Que diſaient ces filles ? monſieur finiſſez donc. Que diſiez-vous ? qu'elles avaient tort de dire, finiſſez donc. Que faiſiez-vous ? je dévénois plus entrepre-

---

révue & augmentée par un *Janſéniſte* & imprimé à *Liège :* à ſes pieds ſont deux tuyaux de fer blanc, artiſtément conſtruits, où paſſe le vent de deux ſoufflets qui imitent le bruit du poſtérieur de Mad : *Jean Goule :* un chœur de muſique toujours diſcordant l'accompagne en chantant ces vers pleins d'eſprit

  Triomphez, ô grand Saint
 Madame pette, ô quel deſtin !
  Ce bruit ſournois
 Annonce votre gloire,
  Et dans l'hiſtoire
 On dira mille fois.
Ce bruit vaut mieux que le ſon des hautbois.

nant, elles me difaient, monfieur
pour qui nous prenez-vous? favez-
vous que l'honneur..... Elles
avaient raifon.... n'aviez - vous
pas de mauvaifes penfées fur ces
filles? ne faifiez-vous pas des juge-
mens téméraires en penfant mal du
prochain? non, je m'imaginais que
l'honneur étant un peu loin de leurs
yeux, elles ne pouvaient....
Aviez-vous l'habitude de patiner
ainfi les filles? oui, comme ça:
Tant pis, mais puifque l'habitude
eft chez vous une feconde nature
& que la nature peut être auffi
elle-même une habitude, car que
favons nous? je vous ordonne de
ne plus toucher les filles qu'avec
des gants, en mémoire des gants,
dont *Jacob* s'eft fervi pour tromper
fon pere & voler fon frère & à caufe
de l'Ecriture, qui dit : *periculus,*
pericula, periculum, periculo peribit.

N'avez-vous pas couché avec quelques filles ? dans le tems que j'étais à *Pékin* .... *Pékin*, est-ce du côté de *Vaugirard* ? à peu près, mon Révérend Père, à quelques mille lieües, cependant un peu sur la gauche : Vous avez vû du pays : eh bien, qu'a t'on fait dans ce *Pékin* ? une jeune fille, belle comme la *Vénus* de *Praxitelles*, avait peur des revénans, son père & sa mère étaient allés à une foire ; elle profita de leur abfence pour me faire coucher avec elle : Je fuis fûr que vous lui avez taillé plus de matière pour fa confeffion que tous les revénans du monde ; non affurément : Comment celà ? c'eft qu'elle ne va point à confeffe, ne croit point au *Pape* & ne fuit que les fages loix de *Confucius* : Ce *Confucius* eft peut-être un *Janféniste*, oh ! il n'y a point de mal ! on peut

coucher avec une fille hérétique,
elle n'eſt point de l'égliſe ; hors
de l'égliſe point de ſalut, *Et præ-*
valebunt adverſus eam partes infé-
riores, comme dit St. *Mathieu* dans
l'Apocalipſe.

Voilà aſſez d'hiſtoires de filles,
parlons de femmes, n'avez-vous
pas fait cocu votre prochain ? non,
dans tous les pays où j'ai été, je
les ai trouvé tout faits: Tant mieux,
vous avez moins offenſé le Seigneur : n'avez-vous pas aſſiſté à quelques ſortilèges ? oui, j'ai vû ſouffler
ſur l'eau, plonger un cierge dans
cette eau, jetter cette compoſition
vers les quatre parties du monde; j'ai
vû à St. *Médard* des ſorciers, qui
ſautaient en l'air, j'étais à côté
d'un Conſeiller fort quarré d'eſprit
& de nom, il aſſurait que c'était
des vrais ſortilèges ; j'ai vû dans
la rue *Quinquempoix* un magicien

Ecoſſais, qui avait la magie de donner à l'argent dix fois ſa valeur ;
j'ai vû des gens, qui n'étaient
point ſorciers, courir dans cette
fameuſe rue, troquer leur or &
leur argent contre du papier pour
avoir des mouchoirs. Ces bonnes
gens avaient peut-être envie d'être
Capucins ; c'eſt une ſalutaire penſée que de mépriſer l'argent ; je
n'ai pas entendu parler que nos
Péres en euſſent porté dans la rue
Quinquempoix. Qu'avez-vous encore vû ? j'ai vû à *Paris*, où le
génie & les contradictions brillent
partout, des hommes envoïer de
l'argent au délà des monts pour
avoir des bulles, des indulgences
& du papier : l'Indulgence eſt une
bonne affaire, cela vaut de l'argent;
n'allez pas au moins écrire contre
les indulgences, vous nous cou-
périez la gorge ; c'eſt une mer-

veille que l'indulgence ! le *Pape*, qui a trouvé cette invention d'or, était plus habile que votre *Ecof-sais* : la prémière fottife eft paffée, l'indulgence dure encore ; vous voïés que l'églife eft fondée fur la pierre ferme & fur l'indulgence, *fuper hanc petram*.

A près une petite paufe le *Capucin* me demanda, Si je n'avais point affifté au fabat, ou à d'autre fêtes des forciers : oui, j'ai vû les *Saturnales*, les proceffions *Ambarvales*, la fête de *Cères*, la naiffance de *Cybelle* la mere des Dieux, l'affomption de *Fatime*, époufe favorite du Père des croyans, la naiffance *d'Adonis*, la mort du grand *Pan* & la fête des *flambeaux*. Où avez vous vû ces impiétés ? à *Conftantinople*, à l'*Opéra*, à *Viennes*, à *Madrid* & à *Rome* : *A Rome !* il n'y a point de mal, c'eft le *Pape*, qui le permet, sans cela il n'aurait point d'argent; mais dame! vous avez vu beaucoup de superstitions, la superstition est défendue par l'église, surtout quand elle n'apporte point de profit; n'avez-vous pas quelquefois troublé l'âme des morts dans le cimetière? J'ai fait chanter sur la tombe de mes amis: ô Ciel quel crime! quelle abomination! savez vous que le cimetière est béni? mais qu'avez-vous fait chanter? le *De Profundis* par les Prètres: Oh ceci est une bonne chose, rien n'est mieux imaginé, que le *Purgatoire*, c'est le *Perou* de l'église! n'avez vous point eu d'amour-propre? comme une femme, un prédicateur, un poëte; La dose est bonne. Le *Capucin* reprit encore haleine, puis continua ses interrogations.

N'avez-vous pas lu de mauvais

livres ? fi, j'ai lu *l'hiſtoire du peuple de Dieu par le P. Berruyer :* j'ai entendu parler de cet ouvrage, je ne l'ai pas lu, cela n'eſt-il pas tiré des *Contes de Marmontel ?* Oui, à peu près. Continuez ; Il me tomba l'autre jour un livre latin, je ſuis bien aiſe de vous conſulter, car il me parait que vous connoiſ-ſez les livres .... Oui, dit le R. Père, en m'interrompant ſélon ſa coutume, j'ai été quatorze ans bibliothécaire émérite de notre couvent du *Marais,* j'ai les ouvra-ges de notre ſœur la Révérende Mère *d'Agréda* & une bonne édi-tion des *litanies des onze mille Vier-ges* (1) ... Eh bien voyons ce

---

(1) *Les litanies des onze mille Vier-ges* par Maître *J : B : D : Blouze,* Prêtre miſſionaire, imprimées à *Clermont,* chès *Pierre Roland.* On trouve onze mille noms & autant *d'ora pro nobis* dans ces ſa-vantes litanies.

livre ? mon Père, il a pour titre : *Concilium tridentinum : Jesus Maria,* je le connais ! c'est un livre de sortilège, *Tridentinum* ! le Diable vous torderoit le cou, si vous le lisiez, nous en avions un exemplaire dans notre bibliothéque, le **P.** Gardien le fit bruler (1). *Tridentinum ! St. François,* le nom est épouvantable ! c'est assurément l'histoire de quelque sabat ancien, il est rempli de mistères & de sécrets pour nouër l'éguillete. N'avez-vous pas fait de mauvais livres ? Madame la Marquise de la **R....** qui est venue se confesser ce matin m'a dit que vous composiez des ouvrages pitoyables, pourquoi faites-vous de méchants livres ? il

____

(1) Un Couvent de savans *Capucins* en *Champagne* a brûlé capitulairement *le Concile de Trente.* Le titre avait affrayé l'intelligence de ces Révérends Pères.

me faut du pain : Ne pourriez-vous pas en gagner en faifant de bons ouvrages ? la Paffion, par exemple, eft une matière très fertile, il y a d'excellens morceaux, elle commence tendrement par un baifer ; ne pourriez-vous point faire de jolies chofes fur ce commencement ; vous avez encore le Curé de *Jérufalem*, qui déchire fa foutane ; avouez que cela eft fenfible ; un Magiftrat qui fe lave les mains, vous pourriez dire des chofes fort agréables fur la propreté, enfin un Coq qui chante, des foldats qui jouent aux dez, cela n'eft il pas divertiffant ? mon Père, la juftice en *France* juge des intentions, on trouverait peut-être dans le choix de ces morceaux quelques mauvais deffeins contre l'Etat ; car les Philofophes, dit *Abraham Chaumeix*, font dangéreux dans un Royaume :

Oui, oui, cela est dangéreux...
c'est l'intention, qui fait le larron,
dit *Jean Scot, intentio proxima &*
remota faciunt intentiones malos &
laronibus.... vous me faites perdre ce que j'avais à vous dire...
oú en sommes-nous? attendez, je
m'en souviens, nous étions sur les
livres ; quels livres lisez-vous ?
Bayle, l'Encyclopédie, l'Esprit des
Loix, J. J. Rousseau, & M. de Vol-
taire. Voilà en vérité de bons livres ! vous êtes damné , ces livres
font défendus par Mr. l'Archevêque. Cependant tous les honnêtes
gens les lisent, ils font donc damnés ? Monsieur l'Archevêque se
donne bien de soins apostoliques
pour peupler l'enfer. Eh bien ,
eh bien ! n'y a t'il point de quoi
vous plaindre, quand tous les honnêtes gens seraient damnés , le pain
en serait-il plus cher ? Monseigneur

a le pouvoir d'envoier au Diable
ceux qu'il veut , il eſt payé pour
cela & il a aſſez de charité pour
damner ceux qui liſent de bons
livres & qui n'ont point de billets
de confeſſion . . . . . pardi , Monſeigneur ne peut-il pas uſer de ſes
droits ? Vous êtes plaiſant de cen-
ſurer les plaiſirs d'un Archevêque !
croyez-moi, attachez-vous au ſo-
lide , liſez *l'Almanach de Liège ,
Marie à la coque , & les Mandemens
de Monſeigneur* , cela fait rire ;
avez-vous encore envie de lire de
bons livres ? oui certainement : eh
bien ſi vous êtes encore dans cette
diſpoſition, je ne vous donnerai
point l'abſolution : eh bien , mon
Père , vous n'avez qu'à la garder.
Ecoutez, vous êtes bien vif , vous
prennez les gens au mot , ne
pourriez vous pas exiſter ſans livres? avez-vous beſoin de tant

lire ? vivez tranquillement, ne cherchez point à corriger les hommes : faites comme nous , nous difons toujours du bien du P. Gardien & du Couvent, par ce moïen nous fommes toujours bêtes.... mais enfin, mon très cher frère, fongez-vous à la mort ? que penfez-vous de ce moment terrible ? je penfe comme les voleurs, ils difent que c'eft un mauvais quart d'heure, mais qu'il eft bientôt paffé : Voila qu'il eft édifiant d'imiter les voleurs ; fuivez notre exemple & celui des PP : de *l'Attrappe* : pour nous occuper falutairement du moment de la mort, nous ne faifons rien pendant toute la vie. Comment mon Père , dois-je perdre le tems précieux de mon exiftence pour m'occuper d'un inftant où la raifon ne me fervira plus à rien ? ne trouveriez-vous pas ridicule

qu'un homme fe levât à cinq heures du matin pour s'occuper toute
la journée du moment où il doit
dormir à dix heures du foir? la
mort eft femblabe au fommeil,
nous nous couchons, nous rêvons
un moment, nous tournons la tête une ou deux fois fur l'oreiller,
puis nous fommes endormis: Mais
ce n'eft pas le tout de mourir, fa-
vez vous où vous irez après cette
vie? non: Voilà juftement ce qu'il
faut favoir & dont il faut toujours
s'occuper. . . . .

Comment pourrais-je me remplir
d'un objèt, dont je n'ai aucune
connoiffance? tout périt dans la
nature, les hommes, les Chapons,
les moutons, tout ce qui refpire,
difparait & perfonne ne revient.

Vous avez toujours de plaifantes comparaifons, pourquoi voulez-vous que les chapons, les mou-

tons reviennent dans ce monde ?
pour être encore plumés , chatrés,
écorchés & mangés ? ils ne font
point affez bêtes de retourner dans
un pays où ils ont été fi maltrai-
tés ; pour nous c'eft une différence , nous marchons à deux pieds,
nous avons des dents , des ongles,
nous penfons peut être moins qu'u-
ne huître , mais nous faifons plus
de bruit & après cela l'homme eft
le Roi des animaux , quoique *Sa
Majefté* foit mangée dès fon vivant
pas les poux & après fa mort par
les vers ; cela ne fait rien , *Sa Majefté* a toujours l'empire fur les animaux : les oïes , les dindons n'o-
feraient lui difputer ce tître , *Sa
Majefté* un couteau à la main leur
couperait le cou : Mon Père fi les
tygres & les ours étaient fupérieurs
en nombre , croïez-vous qu'ils ne
donneroient pas quelques coups

de dent à *Sa Majesté?* Bon, bon, les tygres ne prouvent rien, nous sommes le maître des plus faibles, cela prouve toujours que nous sommes les plus forts.

Au reste nous n'avons pas bésoin de preuves physiques pour croire à la vie future, n'avons nous pas le *Purgatoire?* en quittant ce monde nous descendons dans cet endroit : par votre confession, je vois que vous aurez de la peine d'attrapper le *Purgatoire.* Mon Père, je serais bien faché d'y aller. Vous êtes un impie, comment, comment réfuser d'aller en *Purgatoire?* & pourquoi ne vouloir point aller en *Purgatoire?* c'est que je n'aime pas la brulure : Mais aussi quand vous aurez été brûlé, vous jouïrez d'un bonheur accompli. Votre *Purgatoire* est de trop, manquer de pain dans ce monde, avoir la fièvre, mourir & brûler pour être parfaitement heureux, votre Révérence a des notions bien originales du bonheur, il faut être infenfé de défirer la félicité à ce prix.

Après plufieurs autres difficultés avec le P. Barbarigo de la *Villette-aux-ânes*, je vis qu'il fallait rénoncer au tendre efpoir de faire des pâques : je quittai le *Capucin*, je ne fis point de pâques, je ne fus point incommodé.

HISTOIRE

D U

GRAND POLICHINEL

E T D E S

MARIONETTES CHINOISES.

L E Sage Philofophe *Oïaron* bâtit à
la *Chine* un Temple à la *Vérité*; l'é-
difice fut l'admiration de l'Empire.
Le Culte du Dieu de ce Temple était
le pûr Déisme mêlé à quelques ablutions & au gâteau des Rois, qu'on devait manger en famille en mémoire
de la fève tombée à *Oïaron* dans ce

monde & la raifon pour laquelle il fe difait Roi des *Bramines*. Les loix fimples de ce Temple fe reduifaient à ces courtes paroles : tu aimeras le Maître de la nature & les bêtes à deux pieds , qui auront un nez , deux oreilles , une bouche , comme font placés ton nez , tes oreilles & ta bouche.

La fimplicité de cet ancien édifice fubfifta quelques fiècles ; *l'orgueil*, *l'avarice*, & *la fuperftition* le jetterent bas. On bâtit avec des pierres cifelées & du marbre travaillé un fuperbe *Panthéon*, orné de niches qu'on meubla de marmoufets fortis des moules qui avaient formé les *Pénates* des enfans de *Numa*. Non content d'avoir fémé les magots çà & là , on les a jumellés , grouppés ; on a mis dans leurs mains tout ce que l'imagination à fuggéré. Le Temple n'a plus été qu'un Théatre de *Marionettes* dédié à quelque *Polichinel*, qu'on a mis à la place du fage *Oïaron*.

La Canaille, qui ne penfe jamais , a trouvé le nouveau Temple merveilleux : elle a rendue fes hommages aux

magots, leur a portée son argent.
Deux Empereurs *Chinois*, des *Colaos*,
& des *Sages* se sont élevés contre ce
nouvel édifice : on s'est égorgé pendant quelques siècles pour conserver
les *Marionettes* dans le *Pantheon* ; les
gens d'esprit fatigués de voir la Canaille se déchirer, lassés de se battre
pour des morceaux de bois, ont joué
au bibloquet comme les autres.

Pour affermir la gloire du nouveau
Temple, la superstition a couronné
celui, qui faisait jouer les *Marionettes*. Des *Bramines* & des *Cabalistiques*
ignorans se sont mis à crier : voici celui que vous dévez croire : car voïez-
vous, il ferait inutile que *Polichinel*
fut immancable, si la loi était immancable : nous trouvons plus naturel qu'une machine de chair & d'os
foit immancable, qu'une loi qui n'a
ni chair ni os. La *Chine* & le *Japon*
crûrent ce galimathias.

Pour accompagner *Polichinel*, on lui
donna un certain nombre *d'Escaramouches*, & pour les distinguer des
Menuisiers, des *Garçons Peruquiers* &

des *Juifs*, on leur donna des feutres diftingués.

Polichinel & les *Marionettes* ont un vieux livre qu'*Oïaron* leur a laiffé. Si ce livre eft vrai, comme les *Marionettes* le difent, les confciences de *Polichinel* & des *Marionettes*, fuffent-elles auffi larges, auffi profondes que l'efprit humain puiffe les concevoir, elles n'accorderont jamais les maximes auftères de cet ouvrage avec la vie qu'elles mênent. *Oïaron* a deffendu hautement les richeffes de *l'Inde*; & les *Marionettes* font les plus riches & les plus opulentes de la *Chine*. *Oïaron* n'avait pas une pierre pour fe répofer; les *Marionettes* ont des Palais audacieux & brillans; les tréfors du *Pérou* & du *Mogol* fe perdent fur leurs murs fomptueux; les courfiers rapides, qui les tirent dans des chars azurés, font auffi fuperbes que leur cœur. Les *Marionettes* ne marchent que fur des chefs d'œuvres de l'art; *Oïaron*, dans la pauvre boutique de fon Père, marchait fur la pouffière, manquant de tout, gagnant fon pain à la fuëur

de fon corps ; & quelle chère faifait-
il à la maigre cuifine de fa Mère, parente aux Rois de la *Chine*, comme
tous les pauvres *Irlandais* fe difent al-
liés à la maifon de *Stuart* ?

La Table du *grand Polichinel* de la
Chine & celle de fes *Marionettes* font
fervies délicatement : leurs repas font
plantureux , l'oifeau de Phafe , le
cocq de Bruïère , le gras ortolan , les
enfans des eaux viennent s'offrir à leur
avide fenfualité ; la terre, l'air, l'o-
céan s'épuifent pour elles : ah! fi *Polichinel* & fes *Marionettes* lifaient quelquefois le livre *d'Oïaron !* mais elles
ne lifent point ; ces Dames verraient autour de leurs palais mille malheureux ,
qui défirent de ramaffer les bonnes
miettes qui tombent de leurs Tables ;
elles entendraient *Lazarelle de Torme*
crier plus haut que la mufique qui accompagne leurs répas fenfuëls , & fi
elles mettaient à côté de leurs flacons
de lacrima Chrifti le livre *d'Oïaron*, elles trouveraient leur fentence ; car
elles s'engraiffent de la fubftance de
Lazarille de Torme , elles laiffent a-

maigrir les membres *d'Oïaron* & con-
fument dans l'oiliveté & les plaifirs le
patrimoine des pauvres *Chinois.*

 Oïaron était humble , les *Marionettes*
font vaines , elles ont armé les *Indes*
& la *Chine* pour foutenir l'orgueil de
leurs droits. l'Hiftoire eft chargée
de guerres odicufes & éternelles , que
leurs prétentions ridicules ont occa-
fionées. *Oïaron* n'était pas Roi de ce
monde , fon Royaume n'était point à
la *Chine* , dans *l'Europe* , ni ailleurs ;
l'un de fes domeftiques faifait des pa-
niers pour vivre , l'autre jettait les
filets dans la Mer du *Japon* , dans les
lacs & rivières de la *Cochinchine.* Les
Marionettes font les Reines de la Mar-
che-*d'Anconbon-bon* & de la Marche
d'Ancule-fi fi ; elles ont difpofé en fou-
veraines & en téméraires des Royaumes du monde. C'était bien vraiment
aux fuccefleurs des Pécheurs du *Japon*
de diftribuer les couronnes , de brifer
les fceptres , d'ébranler les trônes &
d'attenter à l'autorité facrée des Rois.
Deux Etats puiffants de la *Cochinchine*
font des conquêtes , & ces conquê-

tes, dit-on, appartiennent à *Polichi-nel*; les Rois & les simples ajoutent foi à ces prétentions à cause que leur loi enseigne que *Polichinel* & ses *Ma-rionettes* doivent être pauvres comme l'indigent *Oïaron*. Ces prétentions sur la *Cochinchine* & les Royaumes étoient bêtes; la vérité qui éclaire, dit on, le Théatre des *Marionettes*, n'éclairait alors que leurs sottises.

l'Empereur du *Japon* pour se capti-ver la bienveillance de *Polichinel*, doit tenir son étrier quand il monte à che-val, la *Chine croyante* doit se proster-ner à ses genoux. Comment *Polichi-nel*, n'a t'il pas appris l'humilité, en comtemplant celle d'autrui ? car il y a bien des siècles qu'on met ventre à terre à l'aspect de ses pantoufles ; comment *Polichinel* souffre t'il cette plate & orgueilleuse rubrique ? en vé-rité *Polichinel* n'imite point *Oïaron*; il lavait les pieds à ses domestiques, il était humble. Hélas ! ce sage Phi-losophe pensait-il de faire un jour de si grands seigneurs ? sa morale ne l'an-nonce pas.

La Justice de *Polichinel* est cruëlle ;
celle *d'Oiaron* était pleine de bonté ,
la misericorde tenait son glaive & s'il
frappait c'était pour corriger ; il n'a
jamais fait de mal sur la terre qu'à un
marchand de cochons , à qui il a fait
perdre , à propos de bottes , toute sa
marchandise. *Polichinel* a fait brûler
les Sages , condamné les Puissans ,
damné les *Histrions* & donné au *Ma-
nitou* ceux qu'*Oiaron* envoïait à *Xénoti*.
Le Maitre a pardonné à ses ennemis ,
Polichinel a maudit , calomnié un
grand Empereur du *Japon* , mis les
Princes & les Mandarins sous les pieds,
donné des coups de gaules au répré-
sentant du meilleur Roi du *Pérou* ; il
a fait déterrer le *Polichinel* son prédé-
cesseur pour le brûler honteusement à
la face de l'univers : un grand Physi-
cien , pour avoir eu raison , a gémi
dans ses fers ; il a maudit ceux qui
avaient cru aux premières nouvelles
de *l'Isle de Robinson* , & ce jour-là *Polichinel* fut un sot.

Polichinel est Souverain du grand
feu , où il brûle & continue de brû-

ler d'honnêtes gens , des gens d'esprit
& des Philosophes. Plusieurs Provinces de la *Cochinchine* ont tous les ans
de ces feux de joïe , où ils consument ,
en invoquant le nom bienfaisant *d'Oï-*
aron , de très belles femmes pour avoir
couché avec les hommes , qui avaient
donné par politesse un nom à leurs
enfans. *Polichinel* & ses *Marionettes* ont
fait couler des fleuves de sang ,
pour persuader aux *Chinois* que la
voix de *Polichinel* était celle *d'Oïa-*
ron. Les endroits où le législateur a
signalé sa bonté , où il a pardonné à
ses ennemis , ont été les théatres de
leur cruauté ; leurs mains coupables
ont rougi le pavé , où il nàquit ; son
tombeau a servi d'autel pour immoler
leurs victimes ; la montagne , où elles chantent le triomphe de sa philo-
sophie , a été trempée du sang de leurs
ennemis & du sang de leur Maître :
les champs *d'Uxu-docguelanxion* ont été
couverts de cadavres à la voix d'un
Bonze cruël ; la Province de *Xandre-*
flan a milité deux cens ans pour
conserver les marmoufets de *Poli-*

chinel; *Xuriffa* a vûe fes rues jon-
chées de fes fureurs. *Polichinel* fe
glorifie, dans ceux qui ont deffendu
fon temple, que leur nombre eft petit, en comparaifon des peuples qu"il
a fait égorger à fes prétentions, à fon
avarice & à fon orgueil. Le prophé-
te *Mahomet*, dont *Polichinel* détefte la
memoire, a été moins coupable. Le
légiflateur de la *Mecque* n'a fait que
paffer comme un torrent qui defcend
des montagnes, & *Polichinel* du haut
de fon *Pantheon*, où le fang & l'imbécilité l'ont affermi, continue à frapper la *Chine*, & la *Cochinchine*.

Oïaron était fage, comment les
Marionettes le font-elles? à l'ombre
de leur indulgence intéreffée, les filles commettent mille lafivetés; leurs
Palais font tapiffés des figures de *l'Ar-
retin*; leurs lits font meublés de la
Docila Robba & des *Signors Cuculli*.
Oïaron a toujours édifié; les *Bramines*,
les *Marionnettes* ont rempli l'hiftoire
& les climats de leurs fcandales affreux. Pendant deux ou trois cent
ans, elles avaient deux & trois *Poli-*
chinels

chinels à la fois ; il fallait des batailles
pour ranger l'efprit univerfel du côté
du plus fort : la gazette , inconftante
comme leurs vittoires , annonçait aux
peuples celui auquel ils dévaient l'o-
béiffance ; un ordinaire c'était *Xuxi* ,
parcequ'il avait battu *Xixu* ; quinze
jours après c'était *Xixu* , parcequ'il
avait frotté *Xuxi* ; le fort triomphait
du faible & le vaincu chargé de fers
abandonnait l'infaillibilité à fon cama-
rade le plus fort.

Le Sang *d'Oïaron* a fatisfait pour
tous les crimes, l'avarice de *Polichinel* a taxé les faibleffes humaines :
pour un écu *Chinois*, il paffe au voifin la mifere de faire fon ami cocu.
Ce commerce & bien d'autres ont enle-
vé de grands Pays à *Polichinel* ; il s'eft
faché d'avoir perdu tant de Provinces,
il les a maudites à caufe qu'il les avait
perdues : il a fait le crime, il punit
les innocens ; *Polichinel* a une logique,
elle eft à lui feul.

*C'eft par les fruits que vous rapporte-
rez*, dit le Philofophe *Oïaron*, *que je
réconnoitrai que vous êtes Sages ; Poli-*

chinel & fes *Marionettes* n'ont imité
que le fafte, & n'ont moiffonné que
des vices. l'Envie d'avoir un feutre
différent de celui des Meuniers leur
fait imaginer des quittances pour l'autre monde & leur occafionne des fottifes dans celui-ci. Tout le fruit que
les *Marionettes* offrent à *Oïaron*, ou
mieux le miracle qu'elles opèrent,
c'eft en montrant leur conduite & la
loi de leur Maître; c'eft du noir &
du blanc, c'eft le plus grand miracle
de leur Réligion.

SERMON

Prêché par M. l'Abbé de Prades
*à la Profeſſion de Madenroiſelle
de* Hauteville Tancrède *aux
Religieuſes* Carmelites *de* Paris.

JE fus invité aux *Carmélites* de *Paris*
à la profeſſion d'une Demoiſelle de
condition ; j'y vis à peu près le ſpectacle barbare que les Grecs donnèrent
autrefois en *Aulide*. Le bucher était
préparé ; mais *Clytemneſtre & Achiles*
n'y étaient ; Mr. l'Archévêque *Chriſtophe* repréſentait le dur *Calcas*, la Victime couronnée de fleurs avança d'un
pas lent vers l'autel. C'était une jeune perſonne de ſeize ans, d'une beauté éblouïſſante ; elle verſait des larmes, ſe mit aux genoux du Grand
Prêtre, prononça quelques mots &
dans l'inſtant ſon cœur fut obligé de

ſe fermer pour toujours. On ne vit
point couler le ſang de cette nouvelle
Ephigénie, le genre de mort était plus
effroyable, le ſupplice dévait durer
ſoixante & quelques années. l'Ennui,
le dégout, le déſeſpoir, un cœur toujours tendre, des ſens ſans ceſſe re-
voltés, étaient les bourreaux chargés
d'immoler à chaque heure la victime.

On ôta les parures de cette belle
fille ; on couvrit ſon beau ſein d'un
voile épais ; il était ému, il palpitait,
Amour tu fais pour qui *!* on enterra
ſes appas dans les habits groſſiers &
ridicules. Monſieur l'Abbé *de Prades*
monta en chaire & fit ce discours.

› Que les ſaints habits, dont on
› vient de Vous vétir, ſont beaux,
› ma chere Sœur ! les richeſſes de
› *l'Inde*, les coliers de *Tyr*, dont
› *l'épouſe des cantiques* ornait ſon cou
› blanc, quand elle entrait dans la
› couche voluptueuſe de *Salomon*,
› n'approchaient point de l'éclat de
› ces ſaints guénillons. Dieu le Pè-
› re, la Ste. Vierge, les Anges &
› les Saints ſe ſont réjouïs dans le

» Ciel au moment que Monseigneur
» vous a décorée du sacré scapulaire
» du *Mont-Carmel.*

   » Vous avez quitté le monde pour
» entrer dans l'Arche de *Noë*, Arche
» fortuné, qui vous conduira sur les
» montagnes de *l'Armenie* heureuse ;
» tandis que les misérables mondains,
» semblables aux géans de la fable &
» de l'écriture seront accablés du poid
» de leur orgueil, ou submergés dans
» la mer tempétueuse de leurs pas-
» sions. Plus grande que la *femme*
» *forte* du *Sage*, vos mains pucelles
» ont brisé le fuseau & l'éguille ; vous
» avez généreusement méprisé la
» gloire d'obéir à un Mari, le bien
» précieux d'élever des enfans dans
» la sagesse, le bonheur d'être celui
» de votre maison & de vos domesti-
» ques. La *femme forte* de *Salomon*
» n'était belle qu'aux yeux grossiers
» des *Israëlites*, race de vipères,
» enchaînée malheureusement par les
» mains de Dieu le Père dans les fers
» d'une Réligion de chair & de sang.
   » La Loi de grace, supérieure aux

C 3

» vains élemens de la loi ancienne,
» a infpiré à votre cœur d'arracher
» les fentimens du fang ; vous avez
» rénoncé à des parens tendres pour
» obéir à une étrangère que vous ne
» connoiffez pas, que vous n'aime-
» rez jamais, parcequ'elle ne fe ren-
» dra jamais aimable ; éternellement
» concentrée dans le vafte cercle de
» fes minuties, elle grondera perpétu-
» ellement, elle étudiera avec une
» application conftante les occafions
» de vous contrarier ; enflée d'un
» morceau de parchemin, qui l'ag-
» grandit à fes yeux, elle exercera
» fur vous un defpotifme fans bornes,
» une autorité fans rélâche : fon
» amour-propre ne perdra point une
» virgule de fes droits ; toujours au
» delà de la raifon, fes décifions fe-
» ront des oracles, vous ferez con-
» trainte d'adorer l'imbécilité humai-
» ne dans fa perfonne facrée & bavar-
» de ; enfin fa charité vous fera fen-
» tir pendant foixante & quelques an-
» nées que le joug du feigneur eft
» dur, que la fuperftition & le fa-

» natisme ont rendu fes fers acca-
» blans.

» Quels fécours ne trouverez vous
» point dans vos chères compagnes?
» ces chaftes époufes de l'Agneau,
» qui fait germer les vierges, pour
» aimer davantage leur époux, font
« difpenfées de s'aimer entre-elles.
» Leur fenfibilité s'attachera à vous
» tracaffer, leurs yeux veilleront au-
» tour de vous pour vous trouver
» répréhenfible, leur langues légè-
» res & vénimeufes ne fe rémuëront
» que pour vous prêter des défauts
» ou vous charger de faibleffes : vo-
» tre beauté, ce fujet aujourd'hui
» de deuil & de larmes pour le mon-
» de, vous occafionnera fouvent des
» chagrins : on trouvera que vous
» aurez tort d'être la plus belle & la
» plus jolie de votre communauté.
» Un minois fous le voile veut plai-
» re, comme fous le cabriolet; cet
» inftinct eft né avec votre fexe &
» les femmes ne s'en dépouillent
» point auffi aifément que de leurs
» habits. Votre efprit vous attirera

» le réproche ufé & miférable d'irréli-
» gion ; dans le cloitre & dans le fiè-
» cle , les fots fachés d'être fans
» efprit fe vengent de ceux qui en
» ont, en les accufant de matérialif-
» me & d'indévotion ; perpétuelle-
» ment obligé de vivre avec les mê-
» mes mafques , que votre vie féra
» délicieufe ! que vous aurez d'obli-
» gations à la tendreffe paternelle de
» vous avoir fait malgré vous, un
» fort qu'elle n'enviera jamais pour
» elle.

» Des dévoirs petits & ennuïeux &
» toujours répétés pendant foixante
» ans , vous annéantiront chaque
» jour ; des offices longs, où un ftu-
» pide Directeur exigera votre atten-
» tion quand rien ne pourra la
» fixer d'ailleurs, vous rendront les
» hymnes du Ciel auffi infipides que
» les œuvres de *Caraccicli*. Quelle
» faveur trouverez-vous de chanter
» les merveilles de l'Eternel en grec
» que vous n'entendez point ? quel
» fruit retirerez-vous de huit heures
» de chant, qui ne laifferont rien

» dans votre cœur, ni dans votre
» esprit ? semblable aux orgues de
» votre église, vous aurez fait un
» vain bruit comme elles.

» O tems perdu consacré par les
» saintes rubriques de l'église, que
» vous êtes cher à ses yeux ! ô tems
» perdu relié dans quatre parties d'un
» bréviaire ignorant, que vous êtes
» respectable aux régards de l'Epouse
» militante de l'Agneau égorgé ! dé-
» puis la fondation du voile, depuis
» l'imagination des grilles & de la
» sainte stérilité, l'église, cette mè-
» re riche & éclairée n'a point cessé
» de vous entretenir parmi les vier-
» ges immolées à l'idole du célibat :
» oui par la durée de la sottise, on
» a formé au très haut des peuples,
» qui semblables aux Dieux de *Tyr*
» & de la *Babilone*, ont des oreilles
» & n'entendent point. Hélas, mon
» Dieu ! ceux qui ont imaginé ces
» belles rubriques étaient comme eux,
» *similes illis qui faciunt ea.*

» L'éducation sage, qu'on vous a
» donnée, ma chère Sœur, le bon

„ exemple, qui a peut-être toujours
„ marché devant vous, ont détourné
„ de vos régards l'image d'un Dieu
„ charmant & rédoutable, vous ne
„ le connoiffés pas encore ; hélas ! il
„ eft dans vos yeux, dans l'air que
„ vous refpirez, il s'exprimera un
„ jour par vos foupirs : s'il ne s'eft
„ pas encore montré à vous, il crai-
„ gnait votre âge, fa nudité aurait
„ effrayé la timidité de vos jours
„ naiffans ; il fe fera fentir à votre
„ cœur, il entre aifément dans la
„ folitude, la retraite le nourrit ;
„ hélas ! faut-il vous annoncer qu'un
„ Dieu fi beau gémira de vous être
„ terrible ; femblable à la trifte *Hé-*
„ *loïfe* vos yeux défefpérés verront
„ defcendre *Abelard* avec *Jefus* &
„ *Marie* fur l'autel ; vous les verrez
„ tous trois dans le faint des faints &
„ *Abelard* votre cher *Abelard* l'empor-
„ tera affurément fur *Jefus* & *Marie.*
„ Votre âme enveloppée de vos fens
„ trouvera dans chacun d'eux un en-
„ nemi infidieux, vos efforts féront
„ impuiffans pour répouffer les at-

„ traits du plaifir qu'ils vous offri-
„ ront ; vous verrez derrière vous les
„ mirthes que vous avez foulés,
„ fous vos pieds un Océan de dou-
„ leurs, autour de vous des amans
„ heureux & couronnés de rofes, qui
„ chanteront les faveurs de leur maî-
„ tre ; & dans le cruël avénir , le dé-
„ fefpoir & la mort comme les ter-
„ mes défirables. de vos malheurs.

„ Vos jours humectés de vos lar-
„ mes fe confumeront dans la triftef-
„ fe : vous chercherez le bonheur ,
„ il n'en eft pas fans l'amour ; ce
„ Dieu adoucit les labeurs pénibles
„ des payfanes , les foins inquiets des
„ mères : ce tendre enfant eft leur
„ récompenfe , il foulage le foir les
„ travaux de la journée , un feul de
„ fes régards leur fuffit ; ô charmes
„ du pêché originel ! ô concupifcen-
„ ce, que féroit l'univers fans toi.

„ La félicité que votre état vous
„ préfente eft encore dans l'avenir :
„ quelle force d'efprit ne faut-il pas
„ pour fe pénétrer , d'un bonheur
„ invifible , qui nous prive de la vie

,, & des plaifirs les plus féduifans ?
,, que de fécours ? que de machines
,, pour élever l'ame vers un pays in-
,, connu, pays ingrat qu'il faut ache-
,, ter aux dépens de fes fens, de fes
,, gouts les plus fimples & les plus na-
,, turels. Ce détachement du monde
,, eft une maladie de l'ame, ou le
,, fruit de la vieilleffe du fage, &
,, vous vous flattez d'être vieille com-
,, me le fage, à feize ans ?

,, O maitre de la nature ! eft-ce en
,, détruifant ton ouvrage qu'on de-
,, vient cher à tes yeux ? tu n'as ja-
,, mais parlé à l'homme que par le
,, plaifir, tu n'entretiens fon exiften-
,, ce qu'en flattant fes fens ; la con-
,, cupifcence, cet appas attrayant,
,, qui force la nature à fe reproduire,
,, eft l'œuvre puiffant de ta fageffe ;
,, cette innocente vient de promettre
,, d'effacer ce que ta main a gravé
,, fur fa chair ; c'eft une hypocrite
,, trompée par d'autres hypocrites,
,, qui en s'en impofant à elles-mêmes,
,, fe vantent de dompter la nature ;
,, tu ès le créateur, elle vient jurer

„ à tes pieds d'anéantir ce que ta main
„ féconde a formé.

„ Entrez un moment, ma chère
„ fœur, fous ces toits ruſtiques, où
„ répofe cette fenſible mère entourée
„ de foins, accablée de fatigues, el-
„ le dort, mais comment ? avec un
„ oeil ouvert fur fes enfans, elle a
„ fixé pendant la journée chaque
„ heure du tems qui s'envole, par
„ des travaux utiles. Si elle répofe
„ un inftant, c'eſt dans les bras de
„ l'amour & pour nous donner les
„ hommes les plus néceſſaires à nos
„ béfoins. Etes-vous, mes fœurs,
„ auſſi agréables au Seigneur ? vous
„ ménez dans le fein de l'oiſiveté une
„ vie plate & inutile, vous n'avez
„ ni les foins intariſſables des mères,
„ ni les travaux pénibles qui les con-
„ fument chaque jour. Quel bien
„ faites-vous à l'humanité ? vous fur-
„ chargez la terre d'un poid maſſif,
„ vos mains défœuvrées font des cha-
„ pelets, des petits cœurs brodés & des
„ confitures pour le cher Directeur.
„ Père calculateur, mère intereſſée

„ dont les mains avares ont traîné cet-
„ te victime à l'autel, réjouiffez-vous !
„ le *Oui* eft proconcé , que vos cœurs
„ s'épanouiffent! ah bourreaux bar-
„ bares ! croyez-vous que le maitre de
„ la nature n'ait pas votre facrifice en
„ horreur ? le poignard de la fuper-
„ ftition , que l'églife pour faciliter
„ vos homicides à ofé mettre fur fes
„ autels , vous a fervi utilement ! vous
„ venez de le plonger avec pompe
„ dans le fein de cette innocente. O
„ Dieu des tems ! ô Père de la Vérité !
„ ô Dieu de *Voltaire* & le mien ! peus-
„ tu voir d'un œil indifférent infecter
„ dans le fein de cette fille les germes
„ vigoureux de ta fécondité ? tu crées
„ fans ceffe , tu commandes à l'hom-
„ me de t'imiter , peus-tu voir brifer
„ tranquillement tes images ? les loix
„ fages du Royaume ont condamné a
„ mort les filles qui détruifaient leur
„ fruit ; la contagieufe fuperftition ho-
„ nore, refpecte , fanctifie celles qui
„ defféchent les fources de la géné-
„ ration (1).

____

(1) Il n'y a que les fots, les convul-

„ Chrétiens auditeurs , accourés à
„ cette cérémonie pour vous édifier ,
„ que vous êtes bêtes ! quel fujèt de
„ gloire , de triomphe , d'édification
„ tirez vous d'une vertu ftérile , qui
„ ne produit rien ? vous voyez cha-
„ que jour détruire l'humanité fur vos
„ autels & vous béniffez le couteau
„ éternel qui moiffonne la fociété ;
„ vos campagnes manquent de bras &
„ vous les anéantiffez encore dans les
„ cloîtres. Ah! malheureux, non con-
„ tens d'égorger au fon des trom-
„ pettes , de maffacrer au bruit des
„ timbales la moitié de votre efpèce ,
„ vous venez encore avec la grof-
„ fe harmonie de votre vieux *chant*
„ *gregorien* chanter le *Te Deum* à caufe
„ qu'une fille ne féra plus mère : que
„ votre ftupidité eft grande ! vous
„ êtes femblables à un feigneur de vil-
„ lage qui mettrait fix mille journaux
„ de terre en jachère pendant foixante

---

fionnaires , les fanatiques & les ennemis de
l'Etat qui puiffent croire ou prêcher que le
célibat eft préférable à l'état du mariage.

,, ans pour glorifier celui, qui fait
,, germer la terre.

   ,, O *LOUIS !* ô mon Roi *!* si sem-
,, blable au maître du la nature par
,, la beauté de ton cœur, si supérieur
,, aux autres Rois par ton humanité,
,, n'empécheras-tu point ces sacrifi-
,, ces ? ton âme, toujours éveillée
,, au bonheur de ton peuple, ne dé-
,, fendra-t'elle pas à la jeuneffe de
,, prendre le couteau de la superfti-
,, tion avant trente ans ? parle, ô
,, grand Roi ! & ta voix, comme les
,, trompettes de *Jericho*, féra tomber
,, ces murs groffiers, où gémiffent
,, tant de malheureufes victimes fi né-
,, ceffaires au befoin de l'Etat. ,,

   L'orateur s'adreffant à Monfeigneur
Chriftophe, lui dit : ,, vous êtes incon-
,, teftablement, Monfeigneur, l'aigle
,, des *Vifigots*, *l'Ambroife* des *Oftro-*
,, *gots*, le *Chrifoftôme* des *Gaulois* &
,, *l'Auguftin* de *l'Ile de notre-Dame* :
,, la noble defenfe de la Bulle, la
,, création des billets de confeffion
,, & le réfus conftant des facréments
,, vous rendront toujours agréable au
                ,, Dieu

,, Dieu des miſericordes ; ces paſſe-
,, ports réfuſés ſi charitablement aux
,, âmes, qui ne peuvent aller, dites-
,, vous, en Paradis ſans ces paſſe-
,, ports , feront l'éloge de votre
,, diſcernement. Qu'il eſt grand, Mon-
,, ſeigneur, d'obéir au P. *Patouillet*
,, & à la grace *!* continuez d'entre-
,, tenir cette ſainte méſintelligence
,, dans l'égliſe, elle prouve à l'uni-
,, vers que le fanatiſme ne peut quit-
,, tes nos autels, c'eſt à votre gran-
,, deur que *Paul* a remis l'épée, dont
,, la ſuperſtition a décoré les tableaux,
,, c'eſt de ce glaive qu'il faut frapper
,, les enfans de *Quénel*, de *Janſenius*
,, & les Philoſophes ſeuls adorateurs
,, du vrai Dieu. Le Ciel prépare à
,, vos victoires les honneurs, dont il
,, combla le Révérend Père *Inigo* ;
,, oui, Monſeigneur, vous couche-
,, rez en Paradis avec le P. *Ignace*,
,, vous pourrez lécher les mouſta-
,, ches précieuſes qu'il laiſſa ſur l'au-
,, tel de *Monferrat*, vous tiendrez en
,, main cette immortelle rapière qu'il

D

,, attacha à l'image miraculeuse de
,, *Marie.* ,,

Les prédicateurs pour se captiver
la bienveillance des Couvens, sont
dans l'usage de louer la Supérieure
dans leur sermon; l'Orateur, se tournant vers la Révérende Mère, enton-
na ainsi son éloge.

,, Le cloître s'ouvre à mes yeux !
,, mon œil profane ose pénétrer ce
,, berçail impénétrable, où gisent les
,, vertus & le murmure ! ah chrétiens !
,, que vois-je ? levez les yeux vers ce
,, sanctuaire ; admirez cette sainte
,, supérieure, le modèle parfait du
,, bon *Jésus* & de la Sainte vierge !
,, elle est tendre comme *Marie*, elle
,, se fait enfant comme *Jésus* pour
,, s'abaisser jusqu'à ses sœurs ; oui !
,, elle ne dédaigne pas quelquefois de
,, causer avec elles dans les heures
,, de récréation ; si elle ordonne des
,, châtimens, c'est le zèle qui les
,, dicte ; si elle donne des conseils
,, c'est *l'Ange-gardien* du couvent, le
,, P. Directeur qui parle ; si elle est

» fans ceffe au parloir , c'eft pour y
» étaler avec une modeftie réligieufe
» le petit orgueil de fes titres , édifier
» comme fon frère *Vert-vert* les ca-
» davres & les morts du fiècle. Que
» de foins ne s'eft-elle pas donnés
» pour embellir le couvent ! Madame
» a fait broder les nouveaux gradins
» de l'autel du *facré cœur*, un habit
» couleur-rofe à *notre Dame de la*
» *Compaffion*; fait préfent d'un beau
» collier de grénats au chien de *St.*
» *Roch* & des manchettes brodées au
» cochon de *St. Antoine*.

   » Que votre mérite eft grand , Ma-
» dame ! que vos vertus font fubli-
» mes ! votre piété eft celle de *Jephté*
» pour fa fille: la force de votre
» efprit , la main rude de *Judith* & le
» bras nerveux de *Samfon* : votre
» voix , le fon deftructif des trom-
» pettes de *Jéricho :* vos yeux , ce
» foleil que *Jofué* arrêta fur le hameau
» de *Gabaon :* votre fainte allégréffe ,
» la joie du chien de *Tobie* , qui re-
» muait fi joliment la queue : votre
» prudence , celle de *David* quand il

,, coupa pendant la nuit un morceau
,, de la chemife de *Saül* : votre zèle
,, éclairé, celui du prêtre *Joada*, quand
,, il fit indignement maffacrer la Reine
,, légitime : votre difcernement dans
,, les chatimens, la fureur des enfans
,, de *Jacob*, quand ils fûrent à *Sichem*
,, égorger lâchement un peuple, qui
,, s'était bêtement coupé fon prépu-
,, ce : enfin, Madame, vous êtes fem-
,, blable aux vieux livres & les vieux
,, livres font femblables à vous ; c'eft
,, pour leur reffembler davantage que
,, vous déraifonnez fi fouvent ; tout
,, ce que vous dites font des miftè-
,, res, il en fallait au ciel pour fe ren-
,, dre compréhenfible à la faibleffe
,, humaine : vivez Madame, mais ne
,, bornez point votre gloire à vivre
,, dans le cœur de vos fœurs, fongez
,, à vivre dans l'éternité. Les Anges
,, apprendront vos vertus à la terre,
,, le jour les racontera à la nuit & la
,, nuit les redira au jour : dans le der-
,, nier inftant du monde les Philofo-
,, phes vous verront avec étonnement
,, fur la chaire des douze Tribus pour

„ juger encore le prochain & la terre.
„ *Claudite jam rivos sat prata bibére* :
„ c'était par ces paroles que l'apôtre
„ *St. Jaques* louait autrefois la mere
„ supérieure des *Carmélites* de *Jérusa-*
„ *lem* ; *claudite Jam rivos* ; élévez ,
„ criait-il, la voix pour annoncer la
„ gloire de la mere Prieure ; *Sat pra-*
„ *ta bibére :* c'eſt le miroir de la ſageſſe
„ & du bon exemple , Ainſi-ſoit-il. „
 Le Sermon de Mr. l'abbé *de Prades*
fut très cenſuré par les Rabbins de
Sorbonne. Cette pièce me donna envie de courir les prédicateurs de *Pa-*
ris ; je ſavourais la manne filtrée &
légère du P. *de la Neuville*, j'admirais
l'arrangement de ſes petites phraſes ,
le choix de ſes jolis mots : je ſuivis les
ſermons galants de Mr. l'abbé *de la*
Tour - du - pin qui ne convertiſſaient
perſonne. Des gens d'eſprit raiſonnaient ſur ces pièces & diſaient mille
impiétés ; ils trouvaient ces diſcours
offenſans pour le maître de la nature :
ſelón eux ces grands orateurs chrétiens
ne reconnoiſſaient point le vrai Dieu ;
où ont ils été le chercher , aux enfers ?

diſaient-ils : le premier légiſlateur , qui oſa épouvanter les hommes en allumant le *Ténare* , était un monſtre ; il doutait , ſans doute de l'exiſtence de Dieu ; où voulait porter les hommes à le déteſter ? quelle idée voulait-il donner du Créateur , en le dépeignant comme *Saturne* , qui dévore ſes enfans ?

Les hommes qui avaient exiſté , ceux qui vivaient encore, ne voyaient autour d'eux que des ſignes de la bonté de Dieu, le ſoleil ſe lever conſtamment, la terre germer ſes fruits & le plaiſir répandu ſur tout ce qui reſpire : tant de bienfaits pouvaient-ils faire éclore dans le cerveau des légiſlateurs la penſée d'un Dieu terrible ? un tyran gagne-t'il les cœurs ? peut-on aimer celui qu'on craint ? ſi Dieu ſignale ſa bonté dans ce monde, s'il partage également ſes dons à tous les hommes , pourquoi leur ferait-il du mal dans un autre monde ? ſa conduite dans celui-ci annonce-t'elle qu'il en tiendra une autre après la mort ?

LES ÉTUDES.

Qu'on prodigue bien inutilement
les années d'or de l'homme par les
études , dont on l'amuse ! on use
sans épargne le matin de la journée
qu'il reste sur la terre à remplir sa tête de choses étrangères à la vie usuelle
& à son bien-être.

Dès les premiers cris de son enfance on fait taire la langue de la nature , qui voulait s'accentuer sur ses
lèvres naissantes , pour lui apprendre ,
je ne sais quel maussade idiôme qu'il
ne saura jamais qu'imparfaitement.
Jean Jacques , ce Philosophe , que la
raison pourrait quelquefois réclamer ,
ne paraît pas sur ce sujet plus consé-
quent que tous les hommes ses ennemis. Aux côtés de la mere *d'Emile* ,
je vois sa douce impatience hâter l'instant de l'accouchement pour se charger plutôt de l'élève ou de l'homme
qu'il doit donner à la nature ; mais

tient-il l'enfant de son imagination dans ses bras, il en étouffe aussitôt les accens naturels & se presse, comme les autres, de lui déveloper l'inutile pauvreté de son idiôme.

L'homme doit naître avec un langage qui lui soit propre, ne pourrions-nous pas, sans nous arrêter davantage au merveilleux de la tour de *Babel*, retrouver la langue des hommes ? l'Académie, qui propose des prix & des lauriers à des antiquités grèques, ne pourrait-elle pas tenter de trouver cette première langue des hommes ?

Les accens variés des oiseaux les distinguent autant que leurs différens plumages, tous les hommes ont un nez, des oreilles, je les reconnais à leur figure; mais dès qu'ils parlent, je marche parmi mes semblables sans les entendre : chaque fois que je change de chevaux de poste, j'ai besoin d'un autre idiôme, ou d'un dictionnaire pour me rendre intelligible ; dans vingt quatre heures il me faut dix volumes, & les entendre, pour demander les choses les plus nécessaires à la vie ; & si je tombe malade, je péris faute de savoir le *Calepin Hollandais.*

La première langue est-elle une de celles qu'on parle aujourd'hui dans l'univers ? cette question est celle d'un sot, ou d'une Académie ; il n'est permis qu'à un stupide *Flamand* de bâtir un *in folio* pour assurer que son détestable baragouin est le premier accent du monde.

Les hommes ont-ils un langage naturel ? cette demande n'a pas besoin de réponse ; une société ne peut subsister sans langage. La langue de la nature doit être simple & lente à apprendre ; cette lenteur est nécessaire pour nous donner des notions plus claires des objets qui nous environnent & former plus solidement notre intelligence : avec cette langue nous ferions peut-être moins agréables, moins étourdis & beaucoup plus tard des gens de l'extrême bonne compagnie : mais le bon sens vaut bien l'avantage d'être étourdi ; nos agrémens & nos bonnes compagnies font cause que nous ne pouvons jamais être avec nous-mêmes ; il nous faut toujours des vivans ou des morts, cette nécessité est bien triste.

Si ces courtes réflexions, que je fais peut-être dans un moment où je déraisonne, n'apprennent rien à l'humanité, elles prouveront au moins l'inutilité d'apprendre aux enfans une autre langue que celle de leur pays & condamneront l'usage abusif d'user leur tems à des études inutiles à la Société.

Que de bêtises n'entassons nous pas dans la mémoire des enfans ? à quoi leur sert notre métaphisique ? ne vaudrait-il pas mieux leur donner une idée de l'anatomie ? on leur enseigne à connoître la carte, la sphère, le blason & on leur laisse ignorer la structure de leur corps, si nécessaire à leur conservation & à la gloire de l'Etat. Pourquoi ne pas leur donner un précis des maladies, qui affligent plus ordinairement les hommes, leurs tableaux, leurs symptômes, les simples qui les guérissent, les soins que l'on doit prendre de la santé, comme il faut se

conduire étant malade ? car les infirmes font prefque tous dés enfans : ils
confultent le médecin , l'apoticaire &
les fœurs du pot.

Dans ce cours d'étude néceffaire à
la vie, on peindrait aux enfans avec
les couleurs, *d'Efculape* les fuites fâ-
cheufes de l'ivreffe & de la débauche ;
la crainte les rendrait fobres & conti-
nents. Ces connaiffances ne feraient-
elles pas plus utiles que l'animal du
côté de la chofe ou de notre côté.

Les univerfités font inutiles , les villes où elles font établies font la plûpart fans commerce & fans action.

Les univerfités font tomber les bras
du peuple ; l'aifance de faire apprendre le latin à bon compte aux enfans
donne des idées riantes aux peres &
meres ; les appointemens & le fafte
petit & comique des Docteurs achè-
vent de leur faire tourner la tête.

Cent mille hommes organifés pour
agiter la navette , ou robuftement
conftitués pour fendre le fein ingrat
de la terre, quittent le métier ou la
charrue de leur pere pour augmenter

les univerſités ou pour les ſervir. Un peuple immenſe de grédins ou de païſans ſacrés, parait-tout-à-coup ſur les bancs des écoles & des gens néceſſaires aux arts utiles deviennent les gargotiers & les valets de chambre des ſuppots des académies.

La logique, ce petit ſavoir encore adoré dans nos univerſités de province, eſt la honte durable de l'eſprit humain : a-t-on pu croire que l'art du ſillogiſme était le grand inſtrument de la raiſon ? ſi nous faiſons reflexions „ ſur les actions de notre eſprit, dit „ Mr. *Locke*, nous trouverons que „ nous raiſonnons mieux & plus clai„ rement lorſque nous obſervons ſeu„ lement la connexion des preuves, „ ſans réduire nos penſées à une rè„ gle ou forme ſillogiſtique ; auſſi vo„ yons-nous quantité de gens, qui „ raiſonnent d'une manière fort net„ te & fort juſte, quoiqu'ils ne ſa„ vent point faire de ſillogiſmes en „ forme. Quiconque prendra la pei„ ne de conſidérer la plus grande par„ tie de *l'Aſie* & de *l'Amerique*, y

„ trouvera des hommes, qui raifon-
„ nent peut être auffi bien que lui
„ fans avoir jamais ouï parler de fil-
„ logifmes. Si le fillogifme était le
„ meilleur moyen de mettre notre
„ raifon en exercice, Dieu fe ferait
„ contenté de nous donner d'abord
„ des pieds & des mains & eut laiffé
„ à Monfieur *Ariftote* le foin de nous
„ rendre raifonnables. „

Cet argument de *Locke*, que la raifon infpire aux hommes, n'a pas encore interrompu dans de certaines
univerfités les plates queftions & l'u-
fage ridicule de difputer : *fi Pierre eft
Jacques, ou fi Pierre n'eft pas Jacques ?
fi l'on peut être le même jour pendu à
Rome & marié à Paris ? fi le mot* Blictri
*hors ou dedans la propofition peut figni-
fier quelque chofe ? fi la nature angeli-
que,* fpecificè fumpta *, eft univerfelle
dans l'hypotefe de* St. Thomas ? *fi le défir inné de la connoiffance de la Méta-
phifique a été la caufe de la chute* d'A-
dam ? *fi l'arbre de* Porphire *eft bien certainement l'arbre fameux de la connaiffance du bien & du mal, que Dieu avait*

mis dans le jardin d'Eden ? *an prœter esse reale actualis essentiæ, sit aliud esse necessarium quo res actualiter existat?* il est inutile de traduire cette question de *Suarès*, dit un *Anglais*, parce que ceux qui n'entendent pas le latin la comprendront autant que ceux qui l'entendent.

Le *Jacobin*, *Thomas*, docteur angélique & le bœuf de l'école, selon *Albert le petit* (1), est fort cité en logique ; c'est d'après lui qu'on soutient : *que la nature ne fournit des femmes que lorsque l'imperfection de la matière n'a pu parvenir au sexe parfait.* Que ce raisonnement est pitoyable ! la nature en travaillant à sa conservation n'aurait-elle pas pour but de produire l'être sans lequel elle ne peut se conserver ? on soutient encore d'après les SS. Pères, qu'Adam *avant sa chute était avantagé d'une faculté généra-*

---

(1) Le frère *Albert*, *Jacobin*, fut surnommé *le grand* dans un siècle où tout était petit ; il a laissé aux *Dominicains*, ses héritiers, soixante *in folio*, où il y a moins de bon sens, de goût & d'esprit que dans un Almanach chantant.

rative conflante & non interrompue. Nous avons perdu cette continuelle faculté prolifique , nous n'en voyons plus qu'une faible image dans les *Cordeliers* & les *Carmes* du grand couvent.

C'eft avec ce profond favoir , appellé , *la clef des Sciences* , qu'un jeune homme ouvre la porte du temple du *Gout.* La théologie , qui jure toujours par fon grand *Thomas* , foutient encore dans nos Univerfités borgnes les queftions , dont ce docteur angélique & déraifonnable a déshonoré l'efprit humain. Nos Rabbins de *Sorbonne* , éblouis du compliment léché d'un Crucifix de *Naples* , s'imaginent que *Thomas* a compofé fous la dictée du *St. Efprit.* Il ne faut qu'entendre l'Angélique pour être convaincu qu'il cherchait quelquefois à deshonorer le Créateur. Il demande : *fi Dieu aime mieux un Ange poffible qu'une mouche actuellement exiftante ? fi les Anges ont le matin une connoiffance plus claire des chofes que l'après midi ? fi chaque Ange entend ce qu'un Ange dit à l'autre ? fi les Anges paffent d'une extrémi-*

té à l'autre *sans passer par le milieu?*
si un Diable peut en illuminer un autre?
si la création du monde a été finie en
six jours, à cause que six est le nombre
le plus parfait, ou *si le nombre six est*
le plus parfait parce que la création a été
faite en six jours ? si les saints ressusci-
teront avec leurs intestins ? s'il y a un
instant dans la génération divine ? cette
proposition : *Dieu le Père hait son fils,*
est-elle possible ? Dieu a t'il pu s'unir per-
sonellement à une femme, en cas que
Dieu se communiquât à la nature cu-
curbite, comment cette heureuse & divi-
ne Citrouille précheroit-elle, ferait elle
des miracles ? sera t'il permis de boire &
de manger après la résurrexion ? le Pa-
radis est-il grand ? les Anges ont ils les
aîles bien longues ? que faudrait-il faire
s'il tombait une mouche, un bœuf, dans
le calice après la consecration ?

Histoire

HISTOIRE

Du Révérendiſſime & Illuſtriſſime

Père *Chriſtophe Choulaamba* Curé

de la *Villette-aux-ânes.*

IL y avait à *la Villette-aux-ânes* un Curé, qui faiſait joliment des Almanachs. Les *Anglais*, toujours fiers, capricieux & brouillons, vénaient manger nos pommes de terre juſqu'à *Paris.* Le Roi de *France* avait béſoin de malédictions pour chaſſer de ſes Etats les Dogues *Britaniques.* Dans ce tems-là on arrêtait une armée avec un anathème, on faiſait taire le canon avec celui de la meſſe ; c'eſt un ſécret que les Papes ont perdu. *Choulaamba* avait les meilleurs malédictions du Royaume, le Roi était curieux de les avoir de la prémière main.

E

Sa Majefté s'ennuiait dépuis long-tems d'avoir à la cour la plate figure d'un riche *Butor* ; pour s'en défaire, Elle le nomma Ambaffadeur extraordinaire à la *Villette-aux-ânes*. Le *Butor* dévait répréfenter *Sa Majefté*; pour annoncer l'opulence, la grandeur de fon maître il fit acheter beaucoup de bêtes, prit les gueux les mieux tournés de *Paris*, fit galonner & barioler beaucoup d'habits. Le jour qu'il partit pour l'ambaffade, la cour vint voir paffer les bêtes & examiner la beauté des gueux.

La marche commençait par un *Suiffe*, le plus gros des *Treize-Cantons*; il avait une paire de mouftaches à ravir; les Dames convenaient qu'elles étaient du dernier mieux, de la bonne faifeufe & fuperlativement noires. Un *Timbalier*, quatre *Trompetes*, en habits bleux, paremens verds, gallonnés deffous & deffus toutes les coutures, précédaient cinquante Chevaux de mains, tenus par cent palfreniers, qui allaient à pied crainte de fatiguer les chevaux. Trois Fripons d'Intendans , habillés d'un fin drap *Pompadour* broché d'or fuivaient les chevaux. Dix Pages de *Son Excellen-ce*, en habits de gala , efcortaient quatre brillants caroffes : le premier des ces caroffes contenait dans la per-fonne du Sécrétaire , toute l'intelli-gence de l'Ambaffadeur , le fecond était vuide , le troifiéme était exacte-ment rempli par la rotondité de *Son Excellence Elle-même* , le quatrième avait cinq roius, encruftées de gla-ces : les cinq roues ne fervaient à rien , non plus que le caroffe ; mais felon l'étiquette des Ambaffadeurs , il faut toujours à leur fuite des gens & des caroffes inutiles.

La Cour trouva l'équipage merveil-leux , divin ; certains courtifans affu-raient que ce bon gout n'était pas de l'invention de *Son Excellence* : on riait , on demandait comment *Monfeigneur* s'acquiterait de fa commiffion? bon , difait-on , il fe formera en chemin avec les chevaux , les bêtes s'enten-dent ; au refte il a un fécrétaire fort habile & fes inftructions digérées comme ça. Cette procession arriva à la porte du Curé de *la Villette-aux-ânes*. L'Ambassadeur fût reçû par les marguilliers de la paroisse : le *Magister* à la tête & la servante du Curé à la queue. On conduisit *Son Excellence* à l'audience ; le Curé fit ouvrir les deux battans de sa cuisine & l'Envoyé le harangua ainsi :

CHER & BIEN AMÉ.

„ Le Roi, mon maître, a besoin de
„ vos malédictions ; les *Anglais* vien-
„ nent manger nos pommes de terre
„ jusqu'à *Paris* ; *Sa Majesté* m'ordon-
„ ne de vous conduire en triomphe
„ à la Cour pour maudire les *Anglais*
„ dans ce monde ici & dans l'autre. „
Le Curé, sans répondre à l'Ambassadeur fit fermer à l'instant les deux
battans de sa cuisine. Ce procédé
étonna le représentant du Roi des
Gaules. Les deux Sécrétaires confé-
rèrent ensemble ; celui du Curé se
plaignit que son maître ayant le droit
de porter un bonnet & des talons

rouges , l'Ambaſſadeur dans toute ſa harangue ne l'avait pas honoré d'un petit mot *d'Eminence* ; il proteſta qu'on n'aurait pas les malédictions du Curé , ſi l'on ne rendait à ſes talons rouges les honneurs , qui leur étaient dus. L'Ambaſſadeur fit répondre au Sécrétaire du Curé qu'il n'y avait pas un ſeul mot *d'Eminence* dans ſon ca- téchiſme d'ambaſſade , qu'il ne pou- vait ſans encourir les diſgraces du Roi ſon maître , s'écarter d'une virgule de ſon catéchiſme hiſtorique ; qu'il allait cependant en inſtruire ſa Cour.

L'Ambaſſadeur dépêcha un cour- rier extraordinaire. On fut ſix mois à chercher les moïens d'accommoder la Cour de *Verſailles* & le presbitère de la *Villette-aux-ânes* ; on conſulta le méchant dictionnaire de *Trévoux* , le méchant dictionnaire de *l'Académie* & tous les méchans dictionnaires pour trouver un mot qui ne fut , ni figue , ni raiſin. Pendant qu'on fouillait dans les dictionnaires , les *Anglais* man- geaient les pommes-de-terre & déva- ſtaient la *France.*

Preßé d'avoir des malédictions, on tint un conseil extraordinaire. Un commis du bureau de la guerre, qui connaissait le protocole de la vanité, les petites étiquettes & les simagrées des Cours, dit qu'il fallait pour accorder le titre *d'Eminence* au Curé de la *Villette-aux-ânes*, sans compromettre la majesté du Trône, obliger *Sa Révérence* à donner à ses talons une ligne & demie de hauteur plus qu'aux talons ordinaires des Curés & que les susdits talons seraient couverts d'une peau de maroquin rouge ; que l'Ambassadeur vérifierait la hauteur, la couleur des talons, en prendrait acte, dresserait un manifeste qu'on enverrait à toutes les cours souvéraines de *l'Europe* ; qu'alors on prodiguerait sans risque & avec plus de fondement le titre *d'Eminence* à Mr. le Curé de la *Villette-aux-ânes*.

L'Ambassadeur, ayant exactement rempli les vues de sa Cour, mesuré avec la dernière précision les talons du Curé, vérifié leur couleur, il lui donna de *l'Eminence.* Le Pasteur , enflé comme un balon & fatisfait de la *France*, affura l'Envoyé que fes malédictions étaient au fervice du Roi fon maître.

L'Ambaffadeur déploya les préfens que la Cour envoyait au Curé. Il lui donna entr'autres un beau bréviaire de *veau*, doré fur tranche, en lui difant ; comme *Sa Majefté* eft très perfuadée que vous ne dites pas votre bréviaire à caufe qu'avec quatre cent mille livres de bénéfices, il n'eft pas naturel que vous euffiez la faculté & les moïens d'acheter un bréviaire ; Elle vous prie d'agréer cellui-ci de fa main royale & bien-faifante. Voici deux lits jumeaux pour *Votre Eminence* & fa gracieufe gouvernante. Le Roi, mon maître, eft un fouverain trop galant pour oublier les Dames, voici encore une belle paire de cornes d'un cerf, que *Sa Majefté* a pris dans la forêt de *Fontainebleau*. Ces cornes indifpoferent la maitreffe de Mr. le *Curé* ; mais le fécrétaire de l'Ambaffade, qui était d'une très jolie figure,

C 4

raccommoda cette affaire en couchant avec elle.

Son Eminence fit de beaux préfens à l'Ambaffadeur ; elle lui donna un des cailloux, qui avait affommé *St. Etienne* ; un morceau de la corde, qui avait étranglé le bon larron ; une dormeufe & un cabriolet de la Ste. Vierge ; un morceau de l'oreille de la vraie croix, & deux chauffoirs des onze-mille vierges.

Le Curé de *la Villette* partit avec l'Ambaffadeur & le cortège. *Son Eminence* était montée fur un âne. En chemin *St. George*, patron de *l'Angleterre*, fe préfenta vis-à-vis de la monture du Curé, lui offrant deux bottes de foin. L'animal, qui avait fon libre arbitre, arrêta au milieu du chemin, indéterminé, comme on dit dans l'école, laquelle des deux bottes il choifirait : fon maître l'accablait de coups de fouet. L'âne pour prouver l'excellence, la vérité du libre arbitre & faire triompher la *Sorbonne*, lui dit d'un ton vraiment doctoral „ pourquoi me frappes-tu ? j'ai mon libre arbitre. *St. George* apparût alors au Curé & lui dit : ne t'avise point de maudire mes *Anglais*, tu sais que j'ai coupé le bout du nez à mon confrère *Dénis* ? tu n'es pas mon confrère, Je te le couperais tout entier pour faire enrager ta gouvernante. Ce colloque de l'âne & de *St. George*, se tint, dit l'histoire, au milieu du cortège, devant l'Ambassadeur, & personne ne l'entendit ; cela parait incroyable ; cependant celui, qui a fait cette histoire a de l'esprit, on assure même qu'il ne ment jamais.

Le Curé de la *Villette-aux-ânes* arriva à la Cour ; il avait encore un pied dans l'étrier, qu'on commençait déjà à tirer sur lui. Ce Prélat, disait on, vient-il résider à la Cour ? n'avons nous par assez de ces résidents à cheveux plats ? quel mauvais gout ! le Roi va t'il donner dans les prêtres ? ces gens-là ne sont point bons à faire des amis, disait Mr. le Comte *de Tourné*, gentil'homme ordinaire de la chambre : Sa Majesté, disait un autre, a beaucoup d'intelligence, un bon fens droit, Elle voit auffi bien & mieux que fes miniftres, mais Elle n'a pas affez de confiance en fes talens; la bonté de fon cœur l'empêche quelquefois de fuivre les lumières de fon éfprit; avec autant d'humanité qu'elle en a, elle fe pafferait bien de Miniftres, fi elle le voulait & encore mieux de prêtres.

On conduifit Mr. le Curé fur *l'obfervatoire*, ornée ce jour-là des plus belles tapifferies des *Gobelins. Choulaamba*, dans la crainte de déplaire au fier *St. George*, combla les *Anglais* de bénédictions. Le Roi & la Cour fe moquèrent du Curé; fes almanachs fûrent décriés; les libraires, qui vendaient fes guides-ânes, n'y perdirent rien, ils débitèrent en révange cent mauvaifes plaifanteries, qui courûrent fur fon compte *L'art de faire des garçons & des filles & de les bâifer chrétiènement*, dédié à la fervante de Mr. le Curé de la *Villette-aux-ânes*: *Entrétien de Mr. l'Abbé* Grifet, *grand Pénitencier de Nôtre Dame*; *du Curé de la* Villette *aux ânes & de son âne, sur la néce**ss**ité d'excommunier les Comédiens & de bénir* lès Anglais *:* l'Enfant *trouvé , ou le tourne-broche du Curé de la* Villette-aux-ânes *:* l'Art *de porter son bréviaire , sans le dire ; ouvrage très comode pour le Curé de la* Villette-aux-ânes.

Le Curé honteux d'être hué, per-si**ss**lé de la Cour , de la Ville , & de la Province, demanda quelques jours après une audience particulière des Mini**ss**tres, à qui il tint ce di**ss**cours : » **ss**i je n'ai point maudit les *Anglais*, » vous dévez en **ss**avoir gré à ma po- » litique ; les malédictions des prê- » tres & les bénédictions des Démoi- » **ss**elles du monde, ont à peu-près les » mêmes **ss**uccès ».

» Vous avez cédé , Me**ss**ieurs, aux » Cor**ss**aires *Brétons*, certain pays où » il tombe beaucoup de neige & où » il croit beaucoup de poil. Pour » dégèler le cœur des nouveaux con- » quérans de ces contrées glacées & » les empêcher de manger vos pom- » mes de terre, j'ai un expédient bien

» plus fûr que les malédictions, que
» vous démandiez : envoyez au *Ca-*
» *nada* vos filles de théâtre ; la *Gau-*
» *thier*, qui fe panche en avant fur
» les planches, afin d'exciter l'admi-
» ration des fpectateurs, coutume
» qu'elle obferve encore en touchant
» à fon · douzième luftre, réuffira
» mieux au *Canada* qu'à *Paris*, où le
» foin d'étaler les charmes flétris de
» fa gorge, lui a rarement concilié
» la bienveillance du Parterre ; Ma-
» dame *Le Kain*, qui fait cent infi-
» délités par an en *Europe*, en fera
» trois cens en *Amérique* ; Mad'lle
» *Mouche*, qui eft honnête & qui
» commence lentement & voluptu-
» eufement fa fortune par la pièce
» *douze-Sols*, ne rénchérira pas les
» denrées : Madame *Préville*, qui
» joue froidement fes rôles, les ren-
» dra encore plus froidement fur un
» terrein plus froid ; fon jeu la rap-
» prochera encore d'avantage du gout
» *Anglais* : Madame *Favart*, qui a
» fermé les yeux au Maréchal *de Saxe*,
» qui mourût dans fes bras, pour-

» ra régner feule fur les derniers fou-
» pirs de quelque Milord attaqué de
» confomption : Mad'lle *Clairon*, qui
» a ruiné des Barons *Allemands*, ne
» confultera point les Avocats pour
» ruiner les Barons *Anglais* : La***
» qui fe foule avant de rendre fes rô-
» les : La ** qui s'enivre après avoir
» danfé fur les planches de l'Opéra. „
» La .. La ... &c. &c. pourront ten-
» ter les honnêtes gens *d'Albion*,
» qui fe foulent comme les honnêtes
» gens du *Port au bled*.
    » Pour réuffir plus aifément vous
» apprendrez à ces femmes à médire
» des *Français*, du *Pape* & à boire du
» *Punch* ; c'eft la première éducation,
» qu'on donne aux *Anglais*. Les nou-
» veaux maîtres du *Canada* trinque-
» ront & médiront avec elles, pren-
» dront du gout pour elles, fe fixe-
» ront dans leur conquête & ne vien-
» dront plus manger vos pommes-de
» terre ».
    On fuivit les confeils du Curé de la
Villette-aux-ânes, & en facrifiant de la

neige , du poil & des filles nous con-
servâmes nos *Topimambours.*

St. George fâché de l'invention du
Curé de la *Villette-aux-ânes* jetta dés
hauts cris dans le Ciel : je suis un sot,
disait il ; fallait il me fier à un prêtre ?
avais-je béfoin de faire la dépenfe d'un
miracle ? de faire parler une bête ?
mon pouvoir célefte appréhendait-il
pour les *Anglais* les malédictions d'un
homme ? Je n'avais qu'à rendre cés
malédictions infructueufes ; mais dans
le Ciel, comme fur la Terre, *on ne
s'avife jamais de tout.*

LES
MAUVAIS RAISONNEMENS
DE
MA GRAND MERE.

MA *Grand - Mère* était la plus ba-
varde femelle de la *Chine* & la plus
jolie femme de *Pekin* ; elle faisait des
enfans aussi régulièrement que sa
chatte faisait des petits : tout le tems
de sa grossesse elle chantait poule à
mon *Grand-Père*, qui était un très
bon *Bon-homme*. Cette femme soutenait
avec toute l'opiniâtreté d'un Docteur
ultramontain, que l'infaillibilité humaine était le partage constant de son
sexe : oui, disait-elle, avec sa chaleur ordinaire, le sexe masculin ne
raisonne pas : ce que je trouve de pla-
tement pitoyable dans ce monde le
plus misérable possible, c'est le bonheur offençant de ces chiens d'hommes, qui nous font des enfans avec

une tranquilité, qui vous donne de
l'humeur : Ont-ils fait cette bésogne,
ils ne font guères plus aux fuites ; qui
doivent en réfulter, qu'aux neiges de
la prémière année de grace ; tandis,
helas ! que les remords du plaifir ron-
gent le fein d'une pauvre femme pendant neuf mois & finit par lui déchirer les entrailles. A peine le fruit
de notre douleur eft-il venu au monde, à peine nous félicite-t'-on d'en
être heureufement délivrées qu'on le
remet encore dans nos bras pour le
nourrir : pourquoi n'a t'on pas chargé
les hommes de cet embarras ? nous
avions fait notre tâche, hafardé nos
jours aux incommodités d'une grof-
feffe, aux douleurs de l'accouchement,
pourquoi donc remettre encore ces
enfans fur nos bras ? devons-nous les
mettre deux fois au monde ?

La dure moitié de mon *Grand-Père*
avait des idées auffi extravagantes,
auffi fingulières que les Philofophes
de nos jours ; elle prétendait que les
hommes dévaient nourrir leurs enfans : une lueur de raifon perfuadait
la

la fienne ; en faut-il davantage à une femme belle & entêtée pour la perfuader que c'eft de la plus folide-raifon ? ma *Grand-Mère* était fans ceffe entourée des amis que fa beauté avait fait à mon *Grand-Père*. Ces jolis Meffieurs affuraient que Madame penfait jufte, deux ou trois gréluchons s'offraient même de démontrer fon fiftême. Une jolie femme fait faire aux hommes autant de fotifes qu'elle veut ; les plus fages-mêmes ne les empêchent guères d'en faire, parce que les fotifes des hommes fervent au triomphe de leur beauté.

Nous connaiffons les peines que nous avons de nourrir nos enfans, difait ma *Grand-Mère* ; c'eft le fexe le plus délicat qu'on a chargé de ce foin pénible. Pourquoi l'homme étourdi & inattentif ne s'eft-il point encore apperçu que la nature l'avait affujetti à ce travail comme les femmes ? la nature n'a t'elle pas donné des mamelles aux hommes ? qu'on ne dife point que ces mamelles leur font données pour orner leur figure, la natu-

F

re économe ne fait rien d'inutile. Combien d'hommes ont plus de gorge que les femmes ? la plûpart des *Parisiennes* en ont moins que leurs Maris : plusieurs hommes tirent tous les jours du lait de leur sein, & si l'homme a, comme sa compagne, des réservoirs de lait pour nourrir ses enfans, ne doit-il pas partager avec elles la peine de les alaiter ?

L'expérience a démontré qu'il venait quelquefois du lait aux mamelles des vierges. On a vû des filles de quinze à seize ans présenter leur sein à des nouriçons que leur mere avait confié à leurs soins : ces petits enfans à force de succer leurs mamelons, y attiraient du lait. Cette découverte n'est-elle point une léçon pour l'homme; ne pourroit-on pas faire venir du lait aux mamelles des mâles par cette espèce d'inoculation si simple & si naturelle ?

Quinze jours ou trois semaines avant l'accouchement de la femme on présenterait au sein du Mari quelques nouveaux nés du voisinage : cet en-

fant ouvrirait les réfervoirs de nourriture que la nature a dépofée dans
leur fein comme dans le nôtre ; un
médecin habile pourrait aider cette
opération par le moyen de certains
rémèdes propres, & par là l'homme
ferait en état d'alaiter fon fils auffitôt
qu'il ferait né. L'enfant nourri par
le père & la mère trouverait la nourriture propre à fon tempérament.

La mère, occupée toute la journée
à nourrir fon enfant, s'épuife de fang
& de forces ; elle a befoin pour les
réparer du repos d'une nuit entière :
Occupons les hommes à donner la
nuit à têter à leurs enfans ; plus forts
que les femmes, l'infomnie leur fera
moins dangéreufe ; en nourriffant leurs
enfans, ils les aimeront davantage.
Les femmes les aiment dès le berceau,
les hommes ne commencent guères à
les chérir que vers l'âge de quinze ou
vingt ans.

Mais comment, me dira t'on, un
Préfident de la Grande-Chambre, ou
un Confeiller des Enquêtes donneront-
ils à têter à leurs enfans ? un foin de

la nature doit-il être sacrifié aux sin-
geries de l'usage ? le Président *à Mor-
tier* trouve bien le tems de manger ;
il remplit ce besoin sans croire déro-
ger à sa gravité ; il se fait un plaisir
de la table , qu'il s'en fasse un nouveau de nourrir son fils. Si dans un
cas pressant l'on porte l'enfant de Mr.
le Président à l'audience , quelles fi-
magrées y aurait-il à Monseigneur
d'ouvrir sa grande robe du *Palais* &
donner le sein à son fils devant des
Avocats , des Procureurs & des huis-
siers ? les cris du poupon l'empêche-
raient peut-être de dormir à l'audience , & le soin de lui donner le sein
ne sera point capable de le distraire
de l'attention , qu'il doit donner à la
cause qu'un Avocat détaille , toujours
en braillant.

Poussons la chose plus loin , disait
mon inconcevable *grand-mère* ; quand
on porterait tous les jours au *Palais*
le petit Monsieur avec le sac-aux procès , le pain renchérirait il dans *Paris* ? ces niaiseries seraient elles capables de dérider le front glacé d'un

être capable, qui siége aux enquêtes ?
Si les femmes le veulent efficace-
ment, les hommes ne tarderont point
à partager avec elles la gloire de nourrir leurs enfans ; & si ce soin déve-
nait de l'extrême bonne compagnie,
les petits-maîtres, les agréables dé-
viendraient subitement les nourrices
de nos enfans ; le plaisir d'en conter
aux jolies femmes leur ferait faire bien
d'autres sottises.

Qu'il serait plaisant, ajoutait ma
grand-mère, de voir les bavards du
Palais Royal apporter leurs enfans au
pied de *l'arbre de Cracovie* ! les affaires d'Etat, sur lesquelles ils raison-
nent si gauchement, n'en iraient pas
plus mal.

C'était ainsi que ma *grand-mère* dé-
raisonnait perpétuellement ; pour se
mettre à la mode, elle parlait aussi
de réligion & avait son sistême comme
un autre. Dieu n'a donné, disait-elle, que l'instinct & le nécessaire à
l'homme ; c'est répondre au vœu de
la création que d'obéir à ces deux
bienfaits, parce que l'instinct & le

F 3

nécessaire font les Apôtres que Dieu nous a donnés, c'est par eux seuls qu'il a parlé aux hommes; si Dieu avait parlé autrement il aurait parlé à mon *grand-père?* je fais, mon ami, me difait-elle, qu'il n'a jamais parlé à ton Ayeul; si tu doutes de ma sincérité, demande à tous ceux, qui ont encore leur *grand-père*, si le bon Dieu leur a parlé; s'ils te difent que non, conclue naturellement que l'Etre suprême n'a parlé à perfonne & que la tradition n'eft pas si bien établie que le Curé de la paroiffe veut nous le faire croire.

Pour rendre les hommes honnêtes gens, laiffons les livres, ils n'ont jamais rendu perfonne meilleure; bornons-nous à dire aux hommes; le monde a été créé par un être intelligent; cet être eft Dieu, nous devons l'adorer dans fes ouvrages & le remercier dans fes bienfaits: nous fommes fur un petit brin de fable pêle-mêle avec mille animaux différens, les uns ont des plûmes, les autres n'en ont point & prefque tous ont du poil &

des griffes ; les gros mangent les petits & tout ce qui eſt faible eſt à la
merci du fort. Parmi tant d'animaux,
nous en remarquons certains , qui
ſont huchés ſur deux pieds ; les uns
ſont gris , blancs , noirs , baſanés ; ils
ont des oreilles courtes , un nez plus ou
moins long , une bouche , une groſſe
tête. Ce ſont des hommes , ils nous
reſſemblent , aimons ces animaux ,
c'eſt la théologie de l'homme , celle
de la nature & la ſcience du Ciel.

Pour rendre les hommes plus parfaits , ôtons les Curés de nos villages ,
remplaçons les par un médecin habile , qui ſoit en même tems le chirur-
gien & l'apoticaire du hameau ; qu'il
veille conſtament à l'inſtruction & à
la ſanté des païſans ; leurs jours nous
ſont précieux ; les païſans ſont nos
pères - nouriciers. Dépouillons les
Temples des images de la ſuperſtition ;
mettons à leur place l'image de la *Pro-*
bité & l'emblême du travail ; ajoutons-
y les portraits *d'Henri IV.* de *Louis*
XI. & de notre excellent Roi *LOUIS*
XV. Ne perdons plus le tems de nos

F 4

païsans à leur chanter des *Cantiques grecs*, qu'ils n'entendent point, à leur prêcher un *Feu grégeois*, nommé le *Purgatoire*, où sous le prétexte merveilleux de soulager les hommes qui ne sont plus, on vole l'argent de ceux qui en ont besoin pour exister. Comment cette friponerie, imaginée par le *Moufti Grégoire*, a-t'elle pu durer tant de siècles ? combien n'a-t'elle pas engraissé de milliers de Moines ! que nous avons été longtems bêtes ! nous le sommes encore, nous aimons la Vérité, nous la voyons & nous ne voulons pas la suivre.

Video meliora, proboque,

deteriora sequor ...

On consacrera le *Sabbat*, ou un autre jour de la semaine au repos & à la récréation : à huit heures du matin on assemblera le Peuple ; le Médecin rémerciera l'Etre suprême de ses bienfaits ; la prière durera un quart d'heure, après quoi il fera un discours sur l'amour que nous dévons à Dieu , les devoirs envers le prochain , ou d'autres sujets de morale. Cette cérémonie se terminera par un cantique en vers sur les merveilles de la Nature, ou sur des sujets utiles à l'humanité.

L'après midi on fera une prière plus courte ; l'encens d'un cœur juste suffit à l'Etre que nous adorons. Le Médecin lira une dissertation utile à l'agriculture , après quoi l'on fera venir des violons pour réjouir la paroisse ; les garçons s'exerceront à remporter quelque prix d'adresse , & cet exercice , où les filles assisteront , sera couronné par un bouquet que la plus belle ou la plus sage donnera au garçon le plus adroit & le couronné ouvrira le bal avec celle qu'il aimera davantage.

La fête du Souverain sera chomée. Le Médecin prononcera un discours sur l'obéissance qu'on doit aux loix & au Monarque ; il finira par une prière pour la conservation des Jours du Roi & la prospérité de l'Etat. L'après midi on distribuera deux médailles d'argent, l'une à la fille la plus fage, l'autre au meilleur laboureur. Ces prix feront mieux fondés que ceux de nos Académies qui couronnent des Differtations fur la longueur dés éguilletes des Heaumes Romains fous l'Empereur *Caligula* ; la couleur des caleçons des Dames *Bulgares*, quand ce peuple demanda au Pape *Nicolas* la permiffion de porter des caleçons (1).

Chaque mois le Médecin lira à l'affemblée une differtation fur les dangers de l'ivreffe & de la débauche, la conduite que doivent ténir les malades, les maladies courantes & les

---

(1) Mr. *de Fleury* affure dans fon Hiftoire Ecclefiaftique, que *les Bulgares* confultèrent le Pape pour favoir fi leurs femmes pouvaient en confcience porter des caleçons. Le Souverain Pontife à la tête de la congrégation des Rites, ayant examiné la longueur, la largeur & la profondeur des caleçons des Dames *Bulgares*, décida, que l'Eglife, comme une tendre Mère, fenfible au bien-être de fes enfans, permettait aux Dames *de la Bulgarie* de porter le caleçon.

moïens de les éviter. Après l'office
du matin, les laboureurs les plus ex-
périmentés & les anciens s'assemble--
ront pour le bien de la paroiffe. Dans
chaque village on aura une maifon
propre & bien aérée pour les infirmes. Dans les villes & dans les campagnes, on enterrera les morts la
nuit fans éclat & fans tintamarre, à-
peu-près comme on cure les commodités dans les villes. Il ne faut point
attrifter les vivans par l'envie de cha-
touiller inutilement la vanité des
morts. Notre grand refpect pour les
cadavres eft une imbécillité qu'on peut
reprocher aux anciens qui aiment profondément la pourriture : dès le moment qu'un homme eft expiré, ce
n'eft plus un homme ; ce qui confti-
tue véritablement l'homme eft l'union,
ou le jeu du corps & de l'âme. Rendre des honneurs à un cadavre, eft
une bétife qui fait rire la raifon.

Ces idées fuccintes donnent un fond
inépuifable pour faire le bien. Les
hommes ne font pas fi méchans qu'on
le penfe ; s'ils étaient effectivement

méchans , ce fiftême les rendrait plus vrais , plus conféquens & meilleurs : ils n'auraient que deux préceptes , ils les rempliraient plus aifément que cent obligations , dont la *fuperftition* les a garottés. Les Sermons du Médecin dépouillés du merveilleux , nourris de chofes utiles au bonheur commun , les affecteraient davantage que le barbouillage qu'on leur fait de l'autre monde & de celui-ci. Les Moines , qui tremblent pour leur pot au-feu , vous diront peut-être que le peuple s'égorgera : ne croiez point les Moines ; plus le peuple fera éclairé , plus il fera humain. Les Philofophes , les amis de la *vérité* ne s'égorgent point , il n'y a que les Moines qui fe mangent & la Sainte Eglife qui fait des *Auto-da-fé.* Si l'on craint dans les prémiers jours de la réforme quelque violence de la part des fanatiques , redoublons la marchauffée ; ces Meffieurs rouges & bleus font plus d'effet & de bien , que les Miffionaires & les Stationaires gris & noirs , gris &

blancs, blancs & noirs, noirs & blancs
& les tout-a-fait noirs.

Ma *grand-mère* avait des idées fort
originaires sur la *Vérité*: quels attraits
disait-elle, cette Vertu peut elle avoir
pour les hommes ? que peut-elle gagner en leur montrant son visage sec
& austère ? voulez-vous, me disait-
elle, vivre heureux sur la terre,
mentez autant que les forces humaines pourront vous le permettre; c'est
par là que vous plairez sûrement aux
hommes : un de mes amans fut longtems méprisé de ses semblables parce
qu'il était vrai ; il essaie de leur plaire, il mentit & le premier mensonge
lui procura vingt amis, deux maitres-
ses & mille hommages de la bonne
compagnie, dont il était la veille la
bête noire & le fléau.

Tant que vous rencontrerez des
hommes, ne dites jamais un mot de
Vérité ; ne parlez le langage de cette
vertu qu'avec votre perroquet & encore prenez garde, si les mouches de
la Police vous entendent, vous êtes
perdu.

La *Vérité* ne connait ni la douceur de la complaisance, ni les petits soins de l'amitié ; son organe dur & rauque ne fait qu'étourdir notre bonheur ; le mensonge au contraire, fait pour aller terre-à-terre avec nous, s'accommode à nos caprices & sourit souvent à nos folies ; son air affable nous captive, ses complimens nous flattent & lui seul fait répandre adroitement des fleurs sur nos jours.

L'espérance, qui console les malheureux, n'est autre chose que le mensonge officieux qui trompe agréablement son esprit pour enchaîner sa douleur : lui seul, comme un bienfaiteur zélé lui peint un avenir flatteur. Un prisonnier avec la *Vérité* pour compagne n'aurait d'autre perspective que le désespoir.

Les *Romains*, ces peuples si éclairés sur la politique, ont fait du mensonge la gloire & le bonheur de leur République ; des poulets sacrés, des Vautours, des corneilles, prophétisaient le sort des armes & ces mensonges, adroitement ménagés, furent

les premiers inftrumens de leur grandeur & de leurs conquêtes.

Que ferait la gloire de quantité des
Héros , fi l'hiftoire vous racontait
feulement ce que le fort a fait pour
eux ? quel hommage oférions - nous
rendre à tant de vainqueurs , fi la *Vérité* nous montrait leurs faibleffes ,
leurs cruautés , & leurs injuftices ?
avec le menfonge , ces hommes nous
paraiffent merveilleux. Les *Juifs* fans
les miracles de la politique de *Moïfe* , ne
feraient que des brigands , des ingrats
& des monftres.

La *Vérité* détruirait toutes les So-
ciétés ; elle ferait pour l'humanité le
premier fléau du Ciel. Quelle honte
n'aurions-nous point à nous montrer
tels que nous fommes ? nous férions
fans doute épouvantables à nous-mêmes.

L'héritier avec le langage de la *Vérité* dirait à fon père : vous n'êtes point
raifonnable , vous tenez groffièrement
à la vie comme un marchand de la
rue *Saint Honoré* : comment après
quatre vint dix neuf années d'exiften-

ce , vous ne quittez point encore ce monde ? j'attens avec impatience vôtre fortune , les foupirs que vous m'occafionnez font des langueurs homicides , qui vous tueraient fi elles avaient la force de la poudre à canon : ah , mon cher père ! que le Ciel faffe au-plutôt de vous un Saint.

Le *menfonge* , plus utile que la *Vérité* , empêche des millions de crimes que fon ennemie ferait commettre. La haîne , l'envie, l'intérêt frémiffent prefque dans tous les cœurs , mais ces vices affreux n'ofent paraître ; le *menfonge* les empêche d'éclater , la bien-féance les enchaîne & le voile heu-reux de l'impofture les cache à la lu-mière du jour.

Quel éclat le menfonge ne répand-il pas fur notre deuil ! c'eft dans ces occafions qu'il triomphe & qu'il nous fert le plus fidélement. La triftteffe des anciens était bornée à neuf jours , nous pleurons moins , mais nous men-tons davantage. La *Vérité* toujours dure nous dirait dans ces momens : c'eft le fang , les pleurs, qui doivent colorer

les

les cœurs que la mort divife ; ce font les larmes d'*Arthémife* que l'antiquité a vantées, l'âme de cette illuftre veuve était la lampe, qui fe confumait devant les cendres muëttes de fon mari. Le menfonge, moins férieux, vole à nous avec des crêpes, des draperies & des pleureufes ; il nous fait adroitement préférer une trifteffe ordonnée à une trifteffe naturelle, qui ferait fans doute funefte à nos jours. Les anciens finiffaient leur deuil quand la nature avait fini ; nous autres au contraire dès que la nature finit, nous faifons fuccéder le deuil du menfonge & de l'opinion.

G

LES EMPECHEMENS
DIRIMENS.

Le Mariage, ce contract de la société, dont les gens crédules ont fait un sacrement, a conservé dans le païs de L*** les droits de la nature déréglée. Le pauvre sans vertu peut aspirer à la main de la richesse; la noblesse voluptueuse s'avilit avec dignité; le maître couronner le concubinage en épousant sa servante; la fille de quinze ans, obeïssant au premier instinct du penchant grossier; faire un parti insensé; & le fils ingrat ou imbécile conclure la honte des siens par le mariage libertin d'une *Vénus* vagabonde.

L'aisance de faire ces sottises attire dans ce païs quantité de jeunesse étrangère, qui vient y contracter des mariages indécens ou malheureux. Ce fut chés un Curé ignorant qu'un jeune Officier *Français* , épris des charmes chiffonés d'une petite fille vint terminer un mariage, qui occasionha le dialogue suivant.

Le Pasteur n'étoit ni prêtre *Grec* , ni prêtre *Latin* , ni prêtre *Français* , il ne savait aucune langue. Son père avait été fermier de la Dame de son village, la maladie des bestiaux l'avait ruiné ; la Dame, pour remettre le bon homme de ses pertes, s'était mise en tête de faire tomber à son fils la Cure de la paroisse ; elle y avait réussi par le moïen de quelques lettres de recommandation, où toute la science du Prêtre était cachetée. Le Curé ne pouvait remplir aucune fonction de son état sans guide-ânes & sans almanachs. Il avait un mémoire pour se conduire dans les cérémonies du mariage & les instructions préliminaires à ce sacrément ; il prit son papier & dit à l'Officier & à la fille ; écoutez attentivement, voici de quoi il est question, il commença à lire :

Empêchemens dirimens
Du très Saint Sacrément de Mariage,
par demandes & réponfes.

Prémièrement, dit-il en s'adreſſant à l'Officier, Mademoiſelle n'eſt-elle pas votre ſœur ? le Militaire, qui vit que le Curé était un ſot, répondit : je ne le crois point, mon Père était cependant un grand P.... mais ce brave géntilhomme n'a jamaís ſorti de ſa paroiſſe ; il n'aimait point la guerre, il ne la fit jamais qu'aux lapins : bon, bon, dit le Curé, je vous marierai, dans notre état nous n'aimons qu'à gagner de l'argent : quand on voit des gens couſus comme vous, cela fait plaiſir, on gagne un ſol : dans ce village on ne marie que des gueux, Monſieur, & des gueuſes, il n'y a rien à gagner, il n'y a rien à gagner......

Après cette tirade, il demanda à la fille ſi elle n'était pas la ſœur de l'Officier ? non ; répondit ſon amant, Mademoiſelle eſt la fille d'un chantre de *St. Quentin* ; ſon père ne ſortait du

Chœur que pour boire, il se tenait à
sa femme, ne donnait point dans le
cotillon, il se contentait seulement
de se souler deux ou trois fois le jour.
C'est un pêché d'habitude, répondit le
Curé, mais cela n'est rien, il faut
que chacun ait ses defauts.

Secondement, Mademoiselle n'est-elle pas votre tante au premier, au se-
cond ou au troisième dégré ? en ce
cas il faut envoïer de l'argent à Rome pour avoir des dispenses ; sans argent vous ne pourriez pas vous marier ; oui, de l'argent, il faut bien
que le Pape vive de l'autel ; *St. Pierre* dit expressément qu'il faut de l'argent : *Argentum & aurum non habeo ;
quod habeo, tibi do.* Le Pape, qui imite *St. Pierre*, a bésoin d'argent.

Troisièmement, n'avez-vous pas fait
d'enfans à cette Demoiselle ...... attendez ..... ce n'est rien de faire un
enfant, il ne faut guères plus d'esprit
pour en faire un que pour en faire
cent ; le merite de faire des enfans
est le talent d'un âne..... mais voici le Diable, c'est le baptême, c'est-

à-dire de bâtifer un enfant : fi vous avez fait cette cérémonie , c'eft un empêchement dirimant , *dirimantus*, *dirimanta*, *dirimantum*, à caufe qu'un Père & une Mère ne peuvent donner la vie fpirituelle & naturelle à leur enfant. Monfieur le Curé , dit l'Officier *Français*, il n'y a que fix fémaines que je connais Mademoifelle , elle ne peut avoir fait un enfant : oui ! il ne faut pas tant de tems pour faire un enfant à une fille : je vois, je vois..... il n'eft pas encore venu au monde.

Quatrièmement ; Monfieur , avez-vous tous vos membres, il faut des membres au moins pour fe marier...., ne fériez vous pas châtré? l'Officier , que cette Comédie divertiffait, lui dit : voulez-vous en juger , Monfieur, les pièces fur le bureau ? le Curé , croiant que le Militaire allait lui montrer les objets qui lévaient le quatriè-me empêchement, fe couvrit les yeux avec fa foutane en criant à la Demoifelle : ma fille cachez-vous avec votre jupon ; le plaifant de cette avan-

ture , c'eſt que le Curé, en levant ſa
ſoutane , étala toutes les grandes nu-
dités du *Paradis-terreſtre*. Le tableau
fit rougir la fiancée & fit étouffer de
rire l'officier. Le Prêtre croïant toujours que le Militaire étalait ce qu'il
craignait de voir , ne voulait pas baiſ-
ſer ſa ſoutane , il fallut un quart
d'heure pour le raſſurer. Après cette avanture , il reprit ſon cahier &
continua ſes queſtions:

Cinquièmement : ſavez vous comme
l'on conſomme le mariage ? l'homme
de troupe , curieux de ſe réjouïr , lui
dit qu'il n'en ſavait rien : tant mieux ,
tant mieux ! ſi vous en aviez tâté ,
vous ne pouriez plus vous en paſſer .... comme vous allez vous marier il ne faut rien vous cacher , ni
ſe ſervir vis à vis de vous de paroles à double ſens. Se tournant alors
vers la Demoiſelle , il lui dit : écoutez ma fille attentivement , ceci vous
regarde : le mariage eſt une choſe
honnête & les choſes qui ſervent au
plaiſir du mariage , de deshonêtes dé-
viennent très honnêtes quand l'Egli-

se a passé dessus. Le Pape, les Conciles & *St. Paul* ont institué le mariage précisément afin que les filles puissent coucher avec les garçons ; c'est tout ce qu'il y a de beau dans ce Sacrement ; cela est prouvé par l'Apôtre *St. Paul*, qui dit dans le *Gradus ad Parnassum* : *Stephanum vidit cœlos apertos* ; cela veut dire en *français* que moïennant le mariage, une fille peut ouvrir les deux bras à un garçon parce que *Stéphanum* veut dire *ouvrir* & *cœlos* veut dire *bras*.

Dans le mariage l'homme est obligé de rendre le devoir à sa femme & la femme scrupuleusement à son mari, entendez vous cela, Mademoiselle ? prenez garde d'y manquer, le devoir ne se fait pas à l'église, le Prêtre ne donne autre chose que la bénédiction du devoir ; c'est comme s'il disait d'avance, *Amen* ou *Ainsi soit il.* Le soir de la nôce on danse, quand on a dansé on se retire, les deux époux couchent ensemble, on éteint la chandèle, alors l'homme ..... attendez ..... comme me faire enten-

dre .... ceci eſt un peu verreux .....
l'homme ſe place .... oh j'y ſuis ! .....
quand vous ſerez couchés ...... cela
veut dire .... après tout c'eſt à Monſieur à chercher ..... attrape qui
peut ..... tenez, tenez, j'y ſuis .....
l'homme prend , comme on dirait le
goupillon quand je fais l'eau bénite ,
le met dans le bénitier ; alors c'eſt
comme l'eau bénite, quand le goupillon eſt dans le bénitier, l'eau bénite
eſt faite. A propos , Mademoiſelle ,
une femme ſage ne doit jamais regarder le goupillon , il faut faire cela , comme quand on joue à *Colin-
maillard*.

A çà , mes enfans , vous voilà in-
ſtruits , à préſent avez vous le conſentement de vos parens ? non, Monſieur, lui dit l'Officier ; mais ne pourriez vous pas , moïennant quelques
louis, paſſer ſur cet article ? des *louis*,
des *louis* ! oui , j'ai l'âme bonne , eh
bien à cauſe que vous n'avez point
de conſentement , vous donnerez chacun quatre *louis*, autant que vous
avez de pères & de mères ; des *louis*

valent bien un confentement : à propos êtes vous de ma paroiffe? non, Monfieur : ne peut on pas raccomoder ce défaut avec des *louis*; vous me paraiffez un brave homme, moiennant deux *louis*, je vous fais mon paroiffien *ipfo facto*. Avez vous été à confeffe? non : tant pis, mais .... Dame ..., je ne cherchons point tant, donnez moi encore deux *louis*, je vous difpenferai d'être en état de grace : quand voulez vous être mariés? aujourd'hui : c'eft près jour, donneriez vous bien encore deux *louis* pour être mariés toute à l'heure? de toute mon âme : comptez votre argent & fuivez moi à l'églife. L'officier lui donna les *louis* promis & le Curé les maria fur le champ.

Ce pafteur ignorant faifait chanter dépuis quelques années un *Noël* impertinent, où lui ni perfonne de fa paroiffe n'entendaient fineffe ni malice. Cet ouvrage indécent, s'il en fut, était arrangé dans la tête du Curé & des païfans à coté de l'oraifon Dominicale & je ne fais même s'ils ne trouvaient pas plus d'onction dans l'impertinence du cantique que dans l'onction du *Pater*. Voici le poëme tel que la Dame du lieu me l'a donné. Je fouhaite que cette anecdote faffe impreffion fur nos Evêques & qu'elle engage ces Seigneurs à choifir un peu mieux les prêtres, à qui ils abandonnent le miniftère facré. Un Evêque qui ne fe fatigue guères, fe repofe volontiers fur un grand Vicaire; le grand Vicaire, qui ne veut point auffi trop fe fatiguer, renvoie la befogne à un Préfident du Seminaire, qui n'eft fouvent qu'un Théologien; & un Théologien eft fi peu de chofe que le favoir d'un pareil homme eft toute la fcience d'un Catéchifme bien fait & un peu étendu. Un Théologien fans efprit & fans lettres n'eft fouvent qu'un fot : tels font à peu près ceux de *Louvain* & de *Douai*. Voici le cantique.

N O Ë L.

J'avais promis dévotement,
Dans le Temple ténant un cierge,
Que je n'aurais jamais d'amant
Et que je ferais toujours vierge ;
Je ne fais comment , ni pourquoi ,
Un greluchon reçût ma foi ;
Mais c'eft pour accomplir la loi.
Qu'en voulez-vous , qu'en voulez-
    vous , qu'en voulez-vous dire ?
    En voulez-vous rire ?
Mais c'eft pour accomplir la loi ?
Que voulez-vous donc dire de moi ?

Jofeph eft enfant du quartier
Même Tribut, même famille ;
Il fait un fort joli métier ,
Sa mine m'a paru gentille :
Mais il fe garde, comme il doit,
De me toucher le bout du doigt
Car c'eft pour accomplir la loi.
Qu'en voulez-vous , qu'en voulez-
    vous , qu'en voulez-vous dire ?

En voulez-vous rire ?
Car c'eſt pour accomplir la loi ;
Que voulez-vous donc dire de moi?

Un jour en contemplation,
Les yeux baiſſés deſſous un voile,
Me vint la ſalutation,
D'un Gas plus brillant qu'une étoile ;
Et dans le moment je conçois ;
Sans ſavoir comment ni pourquoi,
Mais c'eſt pour accomplir la loi.
Qu'en voulez vous &c.

La loi du Dieu de *Jéricho*
Ne ſe démêle qu'avec peine ;
Je dois donner un *populo*
Sans le ſecours de l'œuvre humaine
Sans douleur, ſans pleurs, ſans effroi,
Sans mettre l'honneur en déſaroi ;
Mais c'eſt pour accomplir la loi,
Qu'en voulez vous &c.

Joseph, mon bénin compagnon,
Dès qu'il s'apperçut de l'enflure,
Voulut me faire carillon
Et publier par tout l'injure :
Un Ange vint, lui dit : *tais toi*
Je veux que tu demeures coi
Car c'est pour accomplir la loi.
Qu'en voulez vous &c.

Nous cheminons dévotement
Quand de mal la nuit je fus prise,
Dans une étable promptement
Je fis le berceau de l'église :
Deux pauvres bêtes, deux harnois
Nous échauffaient faute de bois ;
Mais c'est pour accomplir la loi,
Qu'en voulez vous &c.

Après huit jours accomplis,
Par une suite du mistère,
Un vieux Rabbin à cheveux gris

Fit au poupon certaine affaire,
Il lui coupa, je ne sais quoi,
Ce n'était pas le bout du doigt
Mais c'eft pour accomplir la loi,
Qu'en voulez vous &c.

Un matin l'on vint m'annoncer
Trois difeurs de bonne avanture
L'un d'eux fit l'enfant trémouffer
Par fa noire & laide figure,
Ils portaient des préfens tous trois,
On les appella les *trois-Rois*,
Mais c'eft pour accomplir la loi,
Qu'en voulez vous &c.

Enfin aprés quarante jours
Au peuple pour donner l'exemple,
Sans me parer de vains atours
Un Dimanche je fus au Temple :
D'un air uni fimple & bourgeois
J'y portai deux pigeons cauchois
Mais c'eft pour accomplir la loi,
Qu'en voulez vous &c.

Un vieillard nous accueillit,
Et careffant ma géniture,
Soudain fon horofcope il fit
Et lui prédit mainte avanture :
Puis en fautant il dit : *ma foi*,
Je vais mourir content de moi.
Car j'ai vû l'auteur de la loi.
Qu'en voulez vous, qu'en voulez-
vous, qu'en voulez vous dire ?
En voulez vous rire ?
Car j'ai vû l'auteur de la loi
Que voulez vous donc dire de moi ?

LA BIBLIOTHEQUE.

*L*A *Confeffion auriculaire*. La Religion *Romaine* exige d'un pécheur la
confeffion de fes crimes. Que d'ingré-
diens pour être fauvé ? chaque pas
que l'homme fait dans cette religion,
le recule du Paradis, ou il rifque de
ne point y aller. Une fille, qui laiffe toucher fa gorge, donne quelques
baifers enflâmés à fon amant, ou fait
naturellement un enfant fans la permiffion de fon Curé, doit déclarer
cette action à un Prêtre, qui l'ex-
horte à ne plus faire d'enfans fans
fa permiffion, ou fans païer de l'argent à la facriftie pour avoir le privilège d'obéir à la nature.

Cette fille doit gémir d'avoir laiffé
toucher fa gorge ; fa douleur doit
égaler celle d'un homme qui a tué
fon femblable, à caufe que les Docteurs *Romains* ont dit qu'une belle
fille, qui laiffe prendre des baifers

I

tendres à fon amant, commet un crime, qui donne la mort : *non datur
parvitas materiæ in re venerea.*

Ces Docteurs font de grands meurtriers d'âmes : cette fille peut-elle fe
pénétrer de douleur d'avoir gouté le
plaifir de quelques attouchemens ?
pourrais-je , après mille efforts, être
confterné d'avoir ouï une belle mufique ? comment détefter ce que le
cœur adore ? pourquoi cette fille fait-
elle un inventaire de ce qu'elle a de
plus fecret dans fon âme ? c'eft que
le Prêtre tient la place de Dieu.
Dieu a t'il béfoin de procureur ? ne
lit-il point dans le cœur de cette fille ? la déclaration ajoute t'elle à la
douleur ? ne fuffit-il point de fe re-
connaître coupable aux yeux de
Dieu ? quel béfoin de faire paffer nos
fottifes par les oreilles d'un homme
pour aller jufqu'à lui.

C'eft un ufage qu'on ne voit point
trop fondé ; c'eft une chaîne péfan-
te, dont on a entouré les confciences ; elle a été forgée huit cens ans
après la religion : l'origine nous en

vient de certains chefs de Moines ;
ces Abbés , curieux de favoir ce que
penfaient leurs Frères , les affujetti-
rent à ce joug. Le fecrèt parut utile
& merveilleux à l'églife pour régner
fur les cœurs & comme elle a trouvé
cela bon pour elle , elle nous a forcé
à courber la tête fous ce joug. Nous
fommes obligés de faire quelque chofe
pour l'églife , les enfans obéiffent à
leurs marâtres.

La Religion naturelle eft la prémière
Religion de l'homme , les preuves
& l'éloquence de fon culte eft la raifon, fa Doctrine le miel doux de
l'humanité. La religion naturelle eft
la feule que Dieu ait écrite fur la
chair de l'homme, les cœurs juftes
font les Temples de cette religion; la
nature en eft l'Apôtre, les bonnes
actions l'encens pur que l'on préfente au Seigneur. Son culte n'a pas
befoin de miracles pour fe foutenir,
d'oracles pour perfuader, ni de miftères pour ne point les entendre.
Cette religion eft fimple & unie comme la *vérité*. L'homme n'y trouve

que ces deux préceptes , *aime Dieu &*
ton prochain ; on entend cela fans ex-
plication & fans homélies dans tous
les climats.

La Religion naturelle a été le modéle de toutes les autres. L'un a écrit
fur la pierre ce qu'il avait apperçu
dans fon cœur ; l'autre a prêché fur
les toits ce qu'il avait lu fur la pierre. Un héros a couru dans la Lune
pour annoncer la charité aux nations ;
Numa plus heureux a compofé la fienne
fur le fein de la belle *Egérie* : *Confucius*
a été plus fage.

Il y a mille religions dans le monde , il ne peut y en avoir qu'une véritable. La première , qui eft la religion naturelle , doit porter inconteftablement ce caractère. Toutes les
religions dâtent d'un certain tems ; la
religion naturelle eft auffi ancienne
que le monde , elle date du premier
de l'an Un de la création , les autres
ne peuvent contefter fon antiquité.
Dieu en donnant le mouvement à
l'homme lui a donné neceffairement
une religion.

Les Adorateurs de la religion naturelle n'ont rien de petit ni de pué-
ril dans leurs craintes , ils aiment
Dieu, s'éloignent de l'injuſtice & ne
diſent point , ſi nous faiſons cuire un
œuf frais le Samedi , le Dieu de la
milice de *Paris* & de *Meaux* nous
punira : ſi nous mettons le Vendredi
un morceau de dur gigot dans notre
eſtomac, le *P. Pancrace* , Capucin
indigne , aſſure que nous irons à
tous les Diables : ſi nous buvons du
vin, nous ne verrons plus les belles
Houris aux yeux bleues , ſi nous man-
geons du mouton noir, l'Ange de
la *Perſe* , le St. Ange-gardien du
mouton noir nous croquera. Les
adorateurs de la Religion naturelle
boivent du vin , font quelquefois
cuire des œufs frais le Samedi , mangent des gigots le Vendredi , fans
craindre d'offenſer l'Etre puiſſant ,
qui a fait les moutons & les *Cham-*
penois.

Le Proceffionel, livre fort inutile.
Nos cérémonies, nos proceffions &
le culte de nos Saints, copiés des
Payens, font des ridicules de notre
invention. *Ste. Géneviève* fait, dit-
on, la pluie & le beau tems dans la
Capitale ; quand les *Parifiens* font
quelques jours fans voir tomber de
la pluie, le beau tems les ennuie, ils
prient cette Sainte pour avoir du
mauvais tems, afin que le pain vienne en abondance. Les *Chinois*, les
Perfans, les *Turcs* invoquent-ils *Ste.*
Géneviève pour avoir du pain ? non,
elle n'en fournit que dans la banlieue
de *Paris*. Les enfans de *Lama* ont-
ils du pain comme nous ? oui, &
pourquoi le demander à cette fille ?
nous ferions mieux de nous adreffer
à Dieu. *Géneviève* peut elle entendre nos penfées ? eft-elle auffi puiffante que Dieu pour fonder les cœurs
& percer les reins ? Dieu, Meffieurs
les *Parifiens*, pour obéir à vos fantaifies eft-il donc obligé de dire à vo-

tre Patrône quand vous piaillés après
du mauvais tems ? » Généviève, les
» badauts de *Paris* font fatigués de
» ne pas avoir de la crôte; mettés-
» vous à genoux, implorés ma clé-
» mence, car en vérité les *Parifiens*
» font impertinens. Dépuis la créa-
» tion du monde, je n'ai pas manqué
» d'envoier du pain aux hommes,
» des raves pour manger avec leur
» pain; malgré les raves & les foins
» attentifs de ma Providence, ils
» murmurent dès qu'ils ne voient
» point leurs pavés mouillés. » Enfin quand on a bien crié de la pluie,
Dieu nous exauce t'il à l'inftant?
non.... oui..... je vois, les chofes traînent d'abord en longueur comme les affaires de ce monde : on at-
tend; la pluie qui vient toujours a-
près le beau tems, arrive, & le miracle réuffit.

L'excellence du Jeune. Cet ouvrage
eft digne d'un Fanatique ; vous

I 4

prêchés le Jeune , prêchés la Sobrié-
té ; ne détruisés pas la nature pour
plaire au maître de la nature. Croiés-
vous faire un cadeau à l'Etre suprême en mangeant pendant six femaines
d'excellent poiſſon & en altérant la
fanté des païfans , qui jeunent aſſés de
ce qu'il n'ont pas ? à propos de quoi
affoibliſſés-vous des tempéramens néceſſaires à l'Etat ? êtes vous ennemis
de l'Etat ? l'Etre fuprême regarde t'il
dans votre eſtomac pour ſçavoir s'il
y a le Vendredi une cuiſſe de cha-
pon, au lieu d'un morceau de Tur-
bot ? en fait d'eſtomac , il faut laiſſer
le privilége au Pape de regarder dans
celui des Capucins ; leur foupe , à ce
que difent vos Savans Théologiens ,
lui appartient.

Pourquoi faut-il un tems choifi dans
l'équinoxe du Printems pour changer
fubitement la nourriture des hommes ? il faut , dites-vous , fe morti-
fier pour le Ciél ; plaifante raifon ! la
nature nous a tout donné pour notre
ufage, eft-ce la glorifier que de méprifer fes largeſſes ? pourquoi priver

votre gout ? la nature n'a t'elle pas
varié celui des fruits pour satisfaire
le vôtre ? peut-on s'imaginer qu'un
homme, qui se couche sans souper,
puisse être agréable à Dieu ? je crois
au contraire qu'il y a de l'humeur
dans les gens qui vont coucher sans
souper à cause de Dieu ; car les enfans, quand ils boudent ne veulent
point souper dans l'idée de faire enrager leur mère.

Vous prêchés la discipline, le
fouët, la macération ; la plûpart de
ces instrumens meurtriers irritent les
passions. La nature nous defend
d'attenter à nos jours & nos Prêtres
nous en font un mérite. Quelle différence y a t'il de s'expédier à l'an-
glaise par un coup de pistolet, ou
de terminer sa carrière par un poi-
son lent ? Dieu nous a t'il mis dans
ce monde pour nous détruire ? cela
n'étant pas, les Prêtres ne connaissent point encore Dieu.

Le Pontificat Romain, livre singu-

lier avec lequel on fait des Evêques.
Ces Prélats, que la réligion n'a jamais diftingués des autres Prêtres,
ne font devenus grands que par des
rafinemens théologiques, inconnus
dans les premiers fiécles de l'Eglife. Ces
Seigneurs font ordinairement des petites gens à la Cour, qui grandif-
fent fubitement dans un Diocefe. Le
feul mérite qui les diférencie des Prêtres, eft la poffeffion de cinquante
lieues de Dîmes. Les Evêques ordinairement ne connaiffent point le
dedans de leur Eglife cathédrale, ils
aiment mieux fe réjouir & plaifanter
à *Paris*, ou n'être rien à *Verfailles*.
Une fois dans la vie ils adminiftre-
ront peut-être la confirmation & c'eft
un honneur que *fa Grandeur* féra à ce
Sacrément. Le foir de cette cérémonie, beaucoup d'honnêtes gens
attachés à la table, ou à la fortune
de *Monfeigneur*, lui diront : » *votre*
» *Grandeur* s'eft bien donnée de la
» peine d'adminiftrer ce Sacrement
» par fes mains, quelle fatigue de
» fouffleter deux ou trois mille ma-

» nans, qui honorent *votre grandeur*,
» à cause qu'elle a des talons rouges,
» & qui n'entendent rien à *votre*
» *grandeur*, à la confirmation & à
» la religion ! » oui, dira le Prélat,
c'est une corvée, elle n'est point
amusante, mais il faut au moins édifier son prochain : nous sommes toujours à *Paris*, nous sommes assez paiés
pour faire cette parade ; au reste
nous avons de jolies femmes pour
nous rafraîchir de cette fatigue.

Que d'impostures dans la consécra-
tion d'un Evêque ! celui qui en fait
la cérémonie, lui demande par trois
fois ; *Frère, voulés-vous être Evêque ?*
le futur *Monseigneur* répond chaque
fois, qu'il ne veut pas être Evêque.
Comment un homme peut-il mentir
aux pieds des autels du Dieu qu'il
adore. Un cadet de maison cherche
fortune, il lui faut un état ; celui
d'Evêque est fort bon, il y a dix ans
qu'il sollicite, importune la Cour
pour être élevé à l'Episcopat : sa famille présente des mémoires, fait va-
loir les services de ses pères, afin que

le St. Efprit à la nomination du Roi
rempliſſe leur parent de ſa plénitude (1). Ces Evêques croient-ils à
la religion ? ſans doute, car ils ſont
aſſez païés pour y croire : penſés-vous
qu'il ſoient aſſez bêtes pour renverſer leur pot-au-feu ? ils ne manque-
ront point de crier après les Philoſophes : ont ils tort ? Dieu les a regardés trop favorablement : Dans tout le

---

(1) Le pouvoir de nommer aux Evê-
chés & aux bénéfices , a été longtems con-
teſté à nos Souverains par le Roi étranger
de *Rome* , qui voulait être le maître chés
nous ; nos Pères , continuëllement ſots ,
croíaient que le Roi faiſait injure à la
Sainteté du Pape en diſpoſant de ſon bien.
Dans un Miſſel imprimé à *Paris* en 1584.
on trouve une prière pour demander à
Dieu l'abolition de la nomination royale
aux bénéfices & malgré les beautés de l'oraiſon & la chaleur dévote des Prêtres le Ciel
n'a point exaucé l'injuſtice des Papes. On
n'imprimerait plus aujourd'hui une pareille
oraiſon. pourquoi ? c'eſt que les Auteurs
ont éclairé la nature : pourquoi l'Etat les
fait-il donc mettre en priſon ?

Royaume, y a t'il des gens environ-
nés d'un plus grand bien-être ? cela
prouve bien que le *bon Jesus* est mort
pour tous les hommes & sur tout
pour les Evêques & les riches béné-
ficiers ; il fallait absolument la mort
du Rédempteur pour rendre les fé-
néans aussi riches.

Les Théologiens, qui font ordinairement assez bêtes, me diront que
ce mensonge épiscopal est une cérémonie, qui rappelle ces tems heureux, où la dignité des Evêques était
un chemin au Martyre..... oui ; il
n'y avoit alors que des coups à gagner & point d'honoraires ; personne
n'avait de vocation pour se faire égorger : mais est il nécessaire de mentir pour se rappeller un usage ancien.
L'Eglise, que nous appellons un *lien
Saint*, ne l'est plus dès que le mensonge y habite.

Les Evêques consacrent les jeunes
gens à Dieu en les prenant par la tête, leur coupant quelques cheveux ;
pendant cette opération le consacré
dit à haute voix, *seigneur, tu séras*

à jamais mon héritage : pourquoi cette formule ? les Chrétiens n'ont-ils pas auſſi pris Dieu pour leur héritage ? oui, mais avec cette différence que les Meſſieurs aux cheveux courts ſont ſeuls ſes héritiers, poſſédent tout ſon bien, & nous autres n'avons rien. Nos prêtres ont de l'eſprit à croire les Evêques, Dieu a fait le partage de *Mongomeri* à ſes Enfans, *tout d'un côté, rien de l'autre*, je me trompe, ce n'eſt point Dieu, qui a fait ce partage, il eſt trop juſte ; c'eſt l'Egliſe, on le voit bien, *elle a eu ſoin d'elle.* L'Egliſe entend bien les partages.

Catalogue des Tableaux de ſaris. L'indécence des Tableaux, expoſés dans les Egliſes, ſerait digne de l'attention des Evêques, ſi ces Seigneurs faiſaient leur métier. J'ai vû dans une Egliſe des Jacobins un Tableau de *St. Vincent Ferrier* qui prêchait ſi mal. Un homme l'avait invité à dîner, fans avoir rien à lui offrir : dans cet embarras il eut recours à la Mytologie, & à l'exemple de *Pélops*, il fervit au Saint une moitié de fon fils en civet & l'autre à la broche. *Vincent* épouvanté de la cruauté du Père, fît le figne de la croix fur les deux plats, à l'inftant la moitié rôtie de l'enfant alla s'unir à celle qui était en ragout. Le petit garçon reparut vivant fur la table, courrut jouër à la foffette & le père en fut quitte pour les morilles & les champignons.

Les autels font chargés de fleurs & de colifichets, quelquefois de mille chandèles. Les Moines repréfentent le jour de leur Pàtron, des pantomimes extraites de leur vie. Le jour de *François-Xavier*, on le repréfente jettant un crucifix de bois dans la mer pour convertir les Philofophes de *Pekin*. Le jour d'*Inigo* de *Guipufcoa*, on voit ce fou monté dans le cabriolet d'*Ezechiel*, entouré des fimboles du livre *Imago primi fæculi*.

Le jour de la *Commémoration des*

mort, dans certaines Eglifes de Flan-
dres, on tend des draps blancs au haut
du maître-autel ; derrière, on place
des lumières, à la lueur defquelles on
repréfente les ombres des Trepaffés ;
ce qui forme un jeu de *lanterne magique* affez mal exécuté.

❦

La Mandrinade, miférable Poëme,
déteftable hiftoire. Le héros de cette
pièce, dans le béfoin où nous étions
d'un bon officier, méritait fa grace.
Mandrin aurait agi pour fa patrie
avec le zèle qu'il avait déploïé contre les fuppôts de là ferme. *Alexan-
dre le Grand* fit le Corfaire *Démétrius*
Capitaine en chef d'une troupe ;
le Sultan *Soliman* fe fervit de *Bar-
berouffe* & de *Reis*, il fit l'un Bacha
& l'autre Amiral. Un grand Miniftre
auroit vû un grand Capitaine dans
Mandrin ; mais les petits Miniftres
ne voient rien & penfent comme *Caligula*, qui, en voyant *Céfo-
nie*, difait : *la belle tête !* je n'ai
qu'à

qu'à commander pour la faire jetter à bas.

❧❦❧

Traité sur le Purgatoire. Jamais je n'ai ouï de si mauvais raisonnemens que ceux que l'on continue de faire sur le *Purgatoire.* Les Théologiens dont le tourne-broche & la cuisine ne vont qu'à la fumée de ce feu qu'ils ont si utilement allumé, soutiennent son existence avec la chaleur que les Prêtres des Idoles défendaient leurs foyers.

L'Eglise, de concert avec eux, a toujours prétendu que Dieu avait institué le *Purgatoire* pour purifier les âmes des souillures du péché, pour lesquelles elles n'ont point satisfait. Il y a, disent les Théologiens, deux choses à examiner dans les offenses que nous faisons à la Majesté de Dieu, la *Coulpe* & la *Peine*; bon: mais demandons à ces savans Docteurs de quelle des deux nous sommes purgés en *Purgatoire ?* assuré-

K

ment ce ne peut être de la *Coulpe*, puifque *Jefus-Chrift* nous en a délivrés, comme le dit clairement *St. Jean* : *que le Sang du* Chrift *nous nettoïe de tout péché.* Or le péché, à bien parler, n'eft autre chofe que la *Coulpe*, car la *Peine* n'eft point un péché, mais la punition du péché. Si cette logique eft bonne il eft impoffible que la *Peine* foit purgée en *Purgatoire*, car la *Peine* n'eft point une tâche, elle ne peut donc être purgée. Etre puni, dit un favant Calvenifte, n'eft point une purgation, le fouët ou la corde ne font point la purgation d'un meurtre ou d'un larcin.

Les ames du *Purgatoire* font parfaitement juftes, continue le même Savant & ne péchent plus, dont il s'enfuit que le *Purgatoire* eft une purgation des tâches, qui ne font plus ; car porter la peine des péchés paffées, lorfqu'on ne péche plus, n'eft point une purgation, mais *cruciation* ou *vindication*, puifque les ames y font tourmentées & ne font purgées d'aucune tache ou fouillure, vu qu'elles n'en ont plus.

Cette punition du feu, c'eſt toujours mon ſavant qui parle, après la *Coulpe* totalement remiſe, flètrit & dénigre la juſtice de Dieu. Car Dieu punirait ceux, qui ne ſont plus coupables, puiſque nul n'eſt puni des peines ſatisfactoires qu'à cauſe de la *Coulpe*. La Coulpe donc ôtée & remiſe par *Jeſus-Chriſt*, il n'y a plus de peine ſatisfactoire, comme dit *Tertulien* au 5. Chap: du Bapt: *quand on n'eſt plus coupable, il n'y a plus de peine.*

Dieu veut que nous pardonnions ſans réſerve à nos ennemis, Dieu conſéquemment doit nous pardonner de même, & ſi Dieu, après le pardon exigeait des peines ſatisfactoires, Dieu en nous propoſant de pardonner, ouvrirait la porte à la vengeance après avoir pardonné.

Si *Jeſus-Chriſt* eſt le médiateur des âmes du *Purgatoire*, il doit intercéder pour elles & s'il intercede encore pour elles envers ſon Père,

K 2

pourquoi à sa requête ne sortent-elles point plutôt de ce tourment si long & si horrible.

Une de ces preuves, à laquelle on ne fait point attention & qui démontre cependant que l'Eglise n'a point connu le Purgatoire dans les premiers siècles, se trouve dans la règle de *St. Benoit.* Cet ouvrage composé depuis mille ans, est un monument éclatant contre le *Purgatoire.* Le Fondateur des Bénédictins, qui marque dans cette règle les heures de l'office, les prières & les oraisons qu'on doit faire à l'Eglise, ne parle nullement des prières pour les morts. Ce silence prouve bien que le *Purgatoire* étoit inconnu à *St. Benoit*, ainsi qu'aux premiers fidèles.

Le Martyrologe des Jésuites. Les Jésuites *Barnet* & *Ould-Corne*, auteurs de la trahison des poudres d'Angleterre, ont été insérés dans ce livre imprimé à Rome l'an 1608. *apud Pau-*

lum Maupinum & Mathæum Breutorum.
L'ouvrage fut dédié à *Rancucio Far-*
neſe Prince de *Parme.*

La Poëtique de Marmontel , ouvrage
inutile, prouvé par ce paſſage d'un
Auteur *Anglais.* La vérité eſt , dit
le Chevalier *Temple* , qu'il y a quelque choſe de trop libre dans le génie
de la Poëſie, pour être gêné & reſ-
ſerré par tant de règles ; tout homme , qui voudra manier ſon ſujet ſélon toute l'exactitude & la ſévérité
de ces régles, il lui fera perdre in-
failliblement cet eſprit & cet agrément, qui ſont purement naturels &
qu'on ne peut jamais apprendre des
meilleurs maîtres ; comme ſi pour faire
d'excellent miel , on venait à rogner
les ailes des abeilles & les réduire à
ſe tenir dans leurs ruches, ou à ne
s'en écarter que peu & qu'on mit devant elles les fleurs qu'on jugerait
être les plus douces, afin qu'elles en
tirent la ſubſtance ou la vertu la

plus pure, après leur avoir ôté l'é-
guillon & en avoir fait de véritables
bourdons. Les abeilles veulent la liberté de s'étendre dans la Campagne,
auffi bien que dans les Jardins &
choifir elles mêmes les fleurs qui leur
plaifent & qu'elles favent diftinguer
par leurs propriétés & leurs odeurs.
Elles aiment à travailler dans leurs
petites cellules avec une adreffe admirable, elles font l'extrait de leur
miel avec un travail fans relâche &
elles le féparent de la cire par des petites cloifons fi bien concertées qu'il
n'appartient qu'à elles feules de le
faire & d'en pouvoir juger.

Si l'Auteur divin du divin *Dénis* le
Tyran, des divines *Héraclides* & des
autres Divinités tragiques qu'on ne
joue point, avait médité ce paffage
du Chevalier *Temple*, il fe ferait bien
gardé de nous barbouiller une Poëtique *Françaife*. Mr. *Marmontel* a deux
côtés, un côté mortel, un côté immortel; le côté mortel eft compofé
de fes Tragédies & l'autre de fes jolis contes.

Réflexions sur la phisionomie. Nous difons une fottife chaque fois que nous difons : *ce Seigneur a un air de qualité.* Les qualités, qui font des idées chimériques, peuvent-elles s'imprimer fur notre vifage ? La nature met-elle un cachet étranger fur la face d'un Grand ? Elle n'a qu'un cachet pour tous les hommes. Que nous fommes bêtes ! nous avons entendu faire ce galimathias à nos Grand-pères, nous répetons la fentence fans faire attention à ce que nous proférons ; nous avons reçu leurs apophtegmes comme leur réligion fans rien examiner.

Traité fur la Réfurrection. Quand le légiflateur des *Chrétiens* ne ferait point reffufcité avec fon corps, fa vie n'en ferait pas moins glorieufe, fa morale moins divine & fa mort moins fruétueufe aux hommes. *Jefus* avait satisfait pour nous, tout était consommé, quel béfoin avait il de reprendre fon corps ? ce ne fut pas le corps de *Jefus*, qui fit le miracle de la rédemption, ce fut la foumiffion de fa volonté à celle de fon Père, & fa miffion finie, Dieu n'avait plus befoin de cette envelope charnelle & groffière.

Les Théologiens qui avancent toujours & ne prouvent jamais rien, affurent que ce corps reffufcité était un corps glorifié ; malgré la création d'un mot qui ronfle fi bien, je ne crois pas qu'il foit néceffaire que l'Etre fuprême foit emboité dans une carcaffe de cinq pieds & quelques pouces & je ne penfe point qu'un grand pied plat, une groffe tête, une machoire épaiffe, puiffent embélir fon exiftence.

Le Corps de *Jefus*, quoique théologiquement glorifié, devait être un corps phifique, revêtu de toutes les propriétés de la matière, comme la grandeur, la largeur & la profondeur, ou fans ces propriétés un corps

ne ferait plus corps. Voila donc le
fils de Dieu tout différent de fon Père ; voilà un Etre commenfurable, af-
fis à la droite de celui qu'on ne peut
méfurer , car Dieu n'eft ni rond , ni
quarré & fon fils a notre plate figure !

L'embarras de concilier les quatre
Evangéliftes fur la réfurrection de *Jefus* eft grand. En lifant ces Auteurs,
on eft tout étonné des contradictions qu'on trouve dans la partie hif-
torique de ce miracle : *Madeleine* voit
fon maître dans le jardin , elle veut
baifer fes pieds adorables, le Phantô-
me lui dit : *ne me touche point*. Pourquoi *Jéfus* empéche t'il à Madeleine
d'embraffer des pieds qu'elle avait autrefois oints d'aromates , arofés de fes
larmes & effuiés de fes beaux cheveux ? la dure conduite de fon *Rab-
boni* rendait douteufe la merveille de
la réfurrection. Les Saints Pères ,
qui ne font guères plus éclairés que
nous fur les chofes que l'on n'entend
point, difent que *Jéfus* , par un efprit de pureté, ne voulut pas per-

mettre cette faveur à *Madeleine*. Les mauvaifes raifons n'éclaircifIent pas l'Evangile : Si *Jefus* avait permis à *Madeleine* péchereffe de baifer fes pieds, pourquoi réfufait il la même grace à *Madeleine* penitente ? les Pères ne raifonnent point.

Le corps de *Jefus*, après la réfurrection, n'avait pas, aux yeux de fes Difciples & des témoins de ce miracle, les caractères d'un vrai corps. Il eft dit dans l'Evangile que *Jefus* entra dans la falle, les fénêtres & les portes fermées. Un corps qui entre dans une chambre, parfaitement calfeutréc, n'eft point en vérité un corps comme le mien & fi j'étais témoin d'un pareil phénomène je dirais : ce que je vois entrer par le trou de la ferrure n'eft pas un corps long, large & profond comme le mien; un chameau ou un homme ne peuvent jamais paffer par le trou d'une aiguille & ce corps, qui entre dans cette chambre par le trou de la ferrure, eft quelque chofe que je ne comprens point.

Les Théologiens, qui ne paraiffent jamais embaraffés de fournir des argumens bons ou mauvais, nous répondront que c'était un miracle : je ne fais pas ce que c'eft qu'un miracle, ni fi un miracle eft néceffaire pour captiver ma foi : mais je fais bien que dans la circonftance où *Jefus* fe trouvait de manifefter fa réfurrection, il n'avait pas béfoin de faire un miracle, qui obfcurciffait davantage cette merveille. *Jefus* eut mieux prouvé le prodige en vénant le grand chemin, montant l'efcalier & frappant à la porte où étaient renfermés fes Difciples.

L'opiniâtreté de *St. Thomas* a jetté, dit on, un grand jour fur la réfurrection de *Jefus* : cet apôtre a vû les plaïes, a mis fa main dans celles de fon côté. Si le corps de *Jefus* était un corps glorifié, les plaïes dévaient être fermées ; des mains & des pieds percés dans un corps glorifié ou dans un autre corps ne font pas de belles mains & de beaux pieds. Le phénomène, qui furprit *Thomas*, ne fut autre chose que des apparen-ces, dont *Jesus* s'enveloppa pour consoler ses apôtres de la douleur & du scandale que sa mort leur avait donnés. Ces gens lourds, massifs & grossiers n'eussent point compris sans ces signes visibles, l'immortalité de l'âme, sur laquelle *Jesus* avait fondé sa doctrine & notre espoir.

Les apparitions de *Jesus* ne sont donc que des preuves de l'immortali-té de l'âme & du bonheur, dont elle jouïra après cette vie; pourquoi nos Docteurs, persuadés de ce sistême, veulent ils étendre le privilège de l'immortalité à nos corps ? quel bé-soin ont ils de gèner notre âme dans l'enveloppe de la matière, de rem-plir de chair & d'os le séjour de la gloire ? laissons les corps dans les charniers des *Innocens* pour montrer aux grands, que nous sommes tous égaux dans le cimetière.

Quelqu'avantageuse que soit la fa-çon, dont mon cadavre sera glorifié dans le ciel, je renonce dès ce mo-ment au Paradis s'il faut y retrouver mon impertinente figure. Pourquoi faut il que mon âme foit empâtée dans cette méchante boue ? ai je bé-foin de fentir la circulation de mon fang, le jeu fouple de mes nerfs & les agrémens du bon chyle pour fa-vourer les plaifirs de la gloire éter-nelle ? mon intelligence, débaraffée des fenfations, verra bien mieux la lumière & la vérité qu'une intelligen-ce entortillée dans les fenfations. Un caractère, comme le mien, prendra affurément de l'humeur contre fon cadavre, s'il le retrouve en Paradis. Je dirai en moi même : voici un mal-heureux corps qui a failli mille & mil-le fois de me faire perdre ce brillant héritage ; c'était mon plus grand en-nemi, combien de fois à l'afpect d'u-ne jolie fille a t'il voulu déranger l'harmonie de mon âme ? combien de fois fes yeux curieux ont ils percé un fichu de gafe, ou couru trop librement fur une gorge naiffante ? combien de fois ces mains pétulan-tes n'ont elles pas voulu chiffon-ner les refpectueufes ? & ces deux

plates mains féront heureufes à jamais?

Nos corps, difent les Orateurs
Chrétiens, font des prifons où nos
âmes font malheureufes & captives.
Ces beaux cercueils de terre glaife,
que nos jolies femmes peignent de
rouge & de blanc, fe font toujours
révoltés contre notre intelligence,
nous dévons les macérer, les couper
& les châtrer même, fi nous voulons
aller au Ciel ; car il vaut mieux entrer au Ciel borgne, châtré ou boiteux que ne point y entrer du tout.
Voilà les *Philippiques* que l'Evangile
& nos prédicateurs ont fait de nos
cadavres & après ces faintes décla-
rations, nous fommes encore jaloux
de traîner dans le Ciel ces malheureux inftrumens de nos peines?

Suppofons un moment que nos
âmes reffufcitent avec leurs corps,
comment fe fera ce miracle? le boffu
entrera t-il avec fon paquet dans la
gloire? cette vierge de *l'Opéra* entrera t'elle fans fon honneur en
Paradis? le Boiteux y fera t'il fon

entrée triomphante en clochant? le Borgne ne verra donc le Paradis que d'un œil? le louche ne verrait il Dieu que de travers? & l'enroué ne chantera t-il fes louanges que d'une voix difcordante & baroque? on voit qu'il faut du mieux à tout cela, ou le Paradis ainfi meublé ne formerait plus qu'un hotel des Invalides ou un hopital des Incurables.

Nous changerons de figure, nos corps féront glorifiés, difent les Theologiens; ce fiftème eft joli : mais que dira cette femme, qui a époufé un homme d'une laide figure & qu'elle a fait fi naturellement cocu? en le voyant raïonner de charmes, elle dira fans doute : voila une laide maifon qu'on a bien fait de démolir; ce nouveau bâtiment eft joli, fi le miracle avait été fait dans mon bail, affurément mon époux n'aurait point été coëffé à la grèque. On voit qu'il réfulterait beaucoup d'impertinences du miracle de la réfurrection des corps.

L'article de la réfurrection des corps qui n'était point enchaffé dans le premier fimbole de l'églife n'eft autre chofe que l'hiftoire de l'immortalité de notre âme; le jugement dernier, le fpectacle allégorique de la recompenfe des bons & la punition des méchans, figurées par la parabole des brebis & des boucs; car Dieu n'a pas béfoin de deux fentences pour juger les hommes, ni de l'appareil de l'univers, pour juger nos crîmes & manifefter nos faibleffes. Si ce jugement devait s'entendre à la lettre, que pourrait dire le Juge fouverain aux Sauvages qu'il enverrait aux flâmes éternelles, que tout l'univers ne trouvât fingulier ? Quoi ces peuples feraient damnés pour n'avoir pas vû la lumière, que le juge avait cachée lui-même à leurs yeux par la barrière des terres & l'immenfité des mers.

Croyons fermement à l'immortalité de l'âme, à la recompenfe des vertus, aux châtimens du crîme; la raifon & la religion naturelle le conçoivent ce fiftême, & laiffons tranquillement notre pouffiére fe mêler avec celle qui compofe ce vafte univers ; à la longue nous produirons un arbre, des pommes de terre, des choux, des raves &c.

***

Les Héréfies. A peine l'évangile fut il annoncé, qu'on vit éclore de ce chef d'œuvre de la *vérité* une foule immenfe de fectes, qui s'égorgèrent les unes & les autres avant de s'entendre, & continuèrent à s'égorger après s'être un peu entendus. Le fang que la religion a répandu a plus humecté la furface du globe que nous habitons, que les eaux abondantes du déluge. Depuis le pontificat de *Pierre*, jufqu'au tems des billets de confeffion de *Monfeigneur Chriftophe* Archévêque de *Paris*, l'églife toujours très militante n'a pas ceffé de faire la guerre aux hommes & aux fages.

En lifant attentivement & fans pré-

L

jugé les écrits des différentes Sectes, qui ont paru dans l'églife, on voit conftamment que la fable du *Loup & de l'Agneau* s'eft renouvellé dans tous les fiècles eccléfiaftiques. Je pourrois accabler mes lecteurs d'une érudition profonde, compofer un *in folio* des noms feuls des fectes que la *vérité* a fait naître; mais ennemi des longs ouvrages, je me bornerai au précis des prémières héréfies qui ont milité dans les champs de l'églife & pour lefquelles la cour de *Rome* a manqué de douceur, de bonté & de charité.

Les *Caïnites* révéraient *Judas*, ils difaient que fi ce traître avait vendu fon maître, c'eft parcequ'il favait le bien qui en reviendrait au genre humain. L'églife a jugé les *Caïnites* trop févèrement, *Judas* annoncé par les Prophêtes entrait affez naturellement dans l'économie de la redemption & puifqu'il fallait un traître pour confommer ce grand ouvrage, autant celui là qu'un autre. Ce qui rendait peut-être *Judas* moins coupable

aux yeux des *Caïnites* , c'eſt que *Je-*
ſus l'avait choiſi , lui avait donné ſon
amitié & généreuſement confié ſes
finances.

Les *Pepuziens* & *Quintiliens* eſti-
maient les femmes meilleures que les
hommes ſous prétexte qu'*Eve* avait
cauſé un grand bonheur aux hommes
en leur procurant par ſa faute la
miſſion de *Jeſus* : excepté le ſingulier
avantage de ſoutenir le tître glorieux
d'égliſe militante , je ne vois pas la
raiſon pourquoi *Rome* a bataillé contre les *Pépuziens*. Ces bonnes gens
aimaient les femmes , cela eſt bien
naturel , ils n'avaient pas , comme
Salomon , la folie de les trouver plus
méchantes que les hommes , ni plus
coupables qu'eux pour avoir mangé
d'une pomme dans un jardin où il y
avait des pommes.

Les *Antimarites* ou *Helvidiens* ſoutenaient que *Marie* ne demeura pas
vierge après qu'elle eut enfanté *Je-*
ſus ; que *Joſeph* après la naiſſance du
Redempteur a connu *Marie*. Cette
connaiſſance ne pouvait rien déran-

ger au miſtère de la rédemption ; la tâche de *Marie* était faite. Ces Hérétiques, comme les enfans de *Jacob*, aimaient la fécondité & ne trouvaient pas honteux que l'épouſe légitime de *Joſeph* ait fait des enfans. L'écriture ſainte les induiſait-elle même en erreur, en citant ſi ſouvent les frères de *Jeſus*.

Les *Rhétoriciens*. Cette ſecte était compoſée d'Auteurs & de Poëtes, elle parut la plus ſenſée des héréſies. Les *Rhétoriciens* ſoutenaient avec les honnêtes gens de toutes les nations & de tous les climats qu'on ſerait ſauvé par la religion dont on avait fait profeſſion & qu'il fallait laiſſer la liberté & le choix à un chacun d'aller à Dieu par quel chemin il voulait. Ce ſiſtême était celui de la Tolérance, ſiſtême que l'Egliſe appréhende le plus.

Les *Ophéiens* croyaient qu'il y avait des mondes innombrables. L'égliſe fut injuſte de damner les *Ophéiens*. Leur ſiſtème, réchauffé dépuis par Mr. de *Fontenelle*, faiſait honneur à la fécondité du Créateur.

Les *Libérateurs* foutenaient que le *Chriſt* était defcendu aux Enfers pour délivrer les pécheurs & les impies qui crûrent en lui. Ces Hérétiques étaient dignes d'admiration, ils bornaient les vengeances d'un Dieu miféricordieux & le peignaient toujours pret à recevoir le pécheur à la pénitence. L'enfer, pour être un ouvrage digne de l'Etre fuprême, doit être dans fa main bienfaifante, un inftrument plus actif & plus certain pour purifier les fouillures du crime. L'églife aime mieux rendre ce féjour de punition ftérile & éternel. Ce fiftème eft bon pour épouvanter les gens qui doivent payer les dîmes.

Le *Collyridiens* préfentaient tous les ans des gâteaux à la vierge *Marie*; *Rome* préfente tous les jours des fleurs, des fruits, à la *Madonna* de *Lorette* & reçoit les offrandes qu'on fait à la *ſcala ſancta*.

Les *Valentiniens* difaient qu'il y avait trente Aones, Siècles & Mondes

tirant leur origine de la profondeur
& du silence. Ces Philosophes ne
touchaient point aux principes de la
foi. Le siftême de plusieurs Mondes
ne donnait qu'une plus grande idée
de la puissance du Créateur. Notre
Monde n'est aux yeux de Dieu qu'un
grain de moutarde & quand un homme croirait que Dieu aurait bien pu
faire de millions de grains de moutarde, je ne vois pas là dequoi donner de l'humeur à l'églife. Quant au
calcul des fiècles, celui des *Valentiniens* était l'arithmétique des *Chinois*
& quand ces deux chronologies auraient été défectueufes, où ferait encore le mal ? celle de *Moïfe* n'était
pas meilleure. Le filence de ces Hérétiques fur le miracle de la création
était plus prudent que le barbouillage
du cahos des *Egiptiens* & des *Hébreux*.
Il vaut mieux fe taire que d'écrire
que l'effet a précédé la caufe, comme
par exemple la lumière créée avant
le foleil, ne laiffe pas d'embaraffer
les gens qui ont un peu de phifique
ou de fens commun.

Les *Cathores* se piquaient d'une grande sainteté , ils ne voulaient point avoir de communication avec ceux qui avaient péché aprés le baptême. Il ne fallait point damner les *Cathores*, il fallait seulement leur prêcher ces deux vers de *Molière*

Il nous faut dans le monde une vertu traîtable,
A force de sagesse on peut être blamable.

'Est *modus in rebus :* Dieu n'a jamais tort avec les gens d'esprit & l'église ne l'aurait jamais eu, si elle avait été tolérante, bonne & douce comme son divin maître.

Les *Angéliques* rendaient un culte aux Anges : Dans leur siècle il était défendu sous peine de damnation d'honorer les Anges, aujour-d'hui il faut honorer les Anges sous peine de damnation. Voilà comme tout change dans ce monde, ce qui est noir dans un tems, devient blanc dans l'autre. La Sainte Eglise serait elle l'image du matin & du soir que le satyrique Français nous a peinte ?

Les *Origénistes* ou *Adamiens* tenaient la *Palinhénésis*, c'est à dire le retour des âmes après la mort dans leurs corps pour converser dans le monde. Nous avons cru longtems aux *Revenans* & Dom *Calmet* aux *Vampires*. Les *Origénistes* assuraient que la punition des Démons & des Réprouvés ne durerait que mille ans, après lesquels ils feraient bien heureux. Ces gens en bornant ainsi la vengeance de Dieu éclairaient un sentiment de leur âme qui faisait honneur à leur cœur. Je pense comme eux & je souffrirais prodigieusement en *Paradis*, si je connaissais quelqu'un de mes frères éternellement malheureux. C'est un sentiment de pitié que tous les canons de l'Eglise ne pourraient chasser de mon cœur, à moins que Dieu ne vienne lui-même m'assurer qu'il est plus méchant que les hommes.

Les *Mélétiens* retenaient dans le

Chriftianifme plufieurs ablutions des *Juifs*. Il ne faut point damner les gens pour de pareilles bagatelles. La pureté du cœur des *Melétiens* devait fuffire à l'Eglife, & la guerre qu'elle leur déclara fur leur propreté était une chicane.

Les *Pattalorinchites* croyaient toutes les vérités de la religion & faifaient confifter le fervice divin dans le filence. Ces fectaires fuivaient en cela les volontés de l'Evangile qui veut qu'*on adore Dieu en efprit & en vérité*. C'eft affurément de ce filence refpectueux que Dieu ordonna aux nations de l'honorer, à l'exception des *Efpagnols*, à qui il a permis de marmoter le *Saint Rofaire*.

Les *Tertuliftes* enfeignaient que les ames des Impies étaient changées après la mort en Démons. Si l'homme dans les *Enfers* n'eft plus capable de mérite ni de demérite, je crois que la qualité de fimple réprouvé fuffirait à mon ambition ; mais fi les Damnés font capables d'orgueil & de bienfaifance, je voudrais être Démon pour rendre le fort des réprouvés plus heureux. Je penferais comme un *Capucin*, qui voudrait être gardien de fon couvent pour rendre la vie plus douce & plus agréable à fes frères.

Les *Ptolomiens* donnaient à *Bathos*, ou à la profondeur deux femmes l'une *Ennoïa*, c'eft-à-dire la Penfée & l'autre *Théléfis*, la volonté. Ces allégories étaient ingénieufes, pourquoi foudroïer le génie? *Ennoïa* & *Théléfis* valaient mieux que les *fept Dormans* qui ne font que des rèves, & que *St. Alexis* qui quitte une jolie femme précifément le jour qu'on ne la quitte point.

Les *Heracléonites* tenaient la profondeur pour la plus ancienne de toutes les chofes. Cette profondeur me plait davantage que les vifions monftrueufes & inexplicables de l'*Apocalypfe* & que le viellard de *Daniel* avec une figure humaine.

Les *Sévériens* enfeignaient que le monde avait été fait par les Anges. Le mal & le bien, qui branlent toutes les chofes de ce monde, font affez penfer qu'un Etre inférieur à Dieu a pu compofer cette petite fourmilière.

Les *Tatianites* & *Eucratides* prêchaient une fobriété extraordinaire & des abftinences de vin & de viande ; il ne falait pas envoïer ces fectaires à tous les Diables, il fallait leur dire : tenés, acommodons nous, nous ne défendons dans aucun jour de l'année l'ufage du vin parcequ'il énivre ; mais nous défendons dans certains tems l'ufage des viandes parcequ'elles n'énivrent point. Imités nous, faites abftinence de chair le Carême, les quatre tems, les vigiles, le Vendredi & le Samedi de chaque femaine ; & la veille de la fête de votre maîtreffe, allés, fi vous voulés, coucher fans fouper, fi cela peut lui faire autant de plaifir qu'à fon pâtron. Mais toujours faire maigre c'eft ouvrir une branche de commerce confidérable aux *Anglais* & aux *Hollandais*. L'abftinence ne tue que les Ouvriers & les Payfans, ce font cependant les gens les plus néceffaires à l'Etat, il ne faut pas tuer les Ouvriers & les Payfans pour enrichir les étrangers. Les *Tatianites*, qui étaient raifonnables fe feraient accommodés avec *Rome.*

Les *Quartadécimans* furent féparés de l'Eglife d'*Occident* par une excommunication du Pape *Victor*, à caufe qu'ils célébraient la pâque comme les juifs le 14 de Mars. Voila une plaifante minucie pour envoyer d'honnêtes gens aux flames éternelles.

Hiftoire de l'ordre de St. Dominique. Les Dominicains ont été les moines les plus funeftes à l'humanité. Leur fondateur a teint le *Languedoc* de fang. L'infâme & rédoutable *Inquifi-tion* ce tribunal odieux & barbare, eft de leur invention. Combien de miférables roles n'ont ils pas joué dans les Guerres fcolaftiques ? combien de victimes n'ont ils pas immo-

lées à leur Docteur Thomas qui n'a-
vait ni les lumières de *Bayle*, ni le
génie du moindre de nos Ecrivains?
quelle fermentation n'ont ils point
nourrie du tems de la Ligue? quels
attentats n'ont ils point commis en
plongeant leurs mains sacrilèges dans
le sang de leur Roi? & n'ont ils pas
mis le comble à leur impieté en se
servant du pain de l'Euchariftie pour
empoifonner un grand homme? Cet
ordre, auffi coupable que celui de
Jefus, n'a pas balancé fes crimes,
comme ce dernier, par la culture
des fciences & l'utilité des Lettres;
on ne voit dans le temple du *Gout* &
de l'*Immortalité* aucun ouvrage de cet
Ordre.

❧❧❧

Le Spectacle de la Nature. L'Abbé
Pluche radote avec fes coquillages &
fon déluge : les vieux Temples, dit-
il, font des preuves victorieufes de
la religion. Si Mr. l'Abbé avait

voyagé en *Egypte*, il aurait vu des vieilles mafures dédiées autrefois aux Oignons , & à la *Chine* des édifices élevés au fage *Confucius*.

⚜

L'hiſtoire de Malthe. Etait il né-ceffaire de rélier en quatre volumes les fureurs de la *religion Romaine ?* eſt il poſſible que dans une religion qu'on dit ſi bienfaifante, il y ait des Religieux qui faffent vœu, aux pieds d'un Dieu mort pour les hommes, d'égorger les hommes & en vertu de ce beau privilège jouïr de cinquante mille livres de rente ? Je favais gré-ci devant au *Fanatifme* de n'avoir point imaginé un ordre d'hommes, compagnons ou faifant les fonctions de l'Ange exterminateur ; mais en examinant de près les bourreaux de *Malthe* , j'ai trouvé la fondation de cette cruauté.

⚜

Gallien reſtauré. Ce Roman eſt

original. La réception que fait *Hugon* Empereur de *Conſtantinople* à *Charlemagne* accompagné de ſes douze Pairs au retour du *St. Sépulchre*, eſt plaiſante. Les *François* étaient ſur des lits d'or à s'égaïer, à dire des bons mots, car la nation a toujours aimé à rire, le Romancier appelle ces divertiſſemens *Gaber*. Les *Treize Gabis* ou Contes ſont autant de rodomontades. Le Seigneur *Olivier* ſe vantait de baiſer la belle *Jacqueline*, fille de l'Empereur, quinze fois. L'Empereur *Hugon* entendit cette *Coullionade* (*), lui ordonna ſous peine d'être pendu de remplir ce qu'il avait dit; en conſéquence il livra ſa fille à *Olivier*. Le jeune *Français* fort embaraſſé de ſa tâche, invoqua le Ciel. Le Seigneur lui envoïa un Ange pour l'aider; il comptait, dit

------

(1) Expreſſion Italienne, qui veut dire plaiſanterie.

l'Auteur, aller avec ce secours au nombre *Quinze. Olivier*, avec toute sa vertu naturelle, unie à la surnaturelle, n'a pu le faire que treize fois. Cette histoire prouve que les fidèles Chrétiens avaient dans ce tems là des idées comiques de la grace & ne connaissaient pas le vrai Dieu. C'était cependant dans les beaux siècles de la religion qu'on pensait ainsi de la religion.

Les Confessions de St. Augustin, ouvrage fort inutile. Quel besoin avait l'oracle d'*Hyppone* de faire gémir la presse de ses faiblesses ? les frédaines d'*Augustin* ne pouvaient édifier ni corriger les mœurs. Les personnes brisées & anéanties dans la dévotion trouvent, dit on, une manne cachée dans cette production & la véritable onction du *Cantique des Cantiques*. Les Dévots doivent excuser les Philosophes s'ils ne trouvent rien d'édifiant dans cette rapsodie. Les Philosolosophes sont de misérables pécheurs, qui se contentent de faire le bien, sans penser à faire imprimer des Confessions générales.

Le Trépassement de la Vierge Marie, Poëme imprimé autrefois à Troïes, chés Madame la Veuve J. Oudot & fils, rue du Temple. Cet ouvrage en réputation dans le savant païs de *Liége*, s'imprime encore trois ou quatre fois chaque année chés l'Imprimeur de l'Evêque.

Cette pièce est en vers français, elle commence par une prière que la vierge fait à son fils pour ne point mourir ignominieusement comme lui. Je n'ai eu qu'un fils, dit cette bonne Mère & ce fils unique a été pendu à l'arbre de la croix ; je veux mourir plus honnêtement : elle engage le bon *Jesus* de lui envoyer ses Anges & ses Apôtres à l'heure de son trépas, afin de mourir en bonne com-

M

pagnie. Le jour de fon décès l'Apôtre *St. Jean*, fi tendrement attaché à
Marie, parait le premier. Voici comme l'Auteur de cette pièce excellente
le fait parler.

> *Saint Jean l'Apôtre arriva,*
> *Et entra dedans la chambrette*
> *De la vierge pucelle & nette,*
> *Et humblement la falua*
> *Lui difant,* Ave Maria.
> *Elle répond, n'en doutés pas,*
> *Mon ami,* Deo gratias,
> *Et le baifa honnétement.*

Il eft probable que *St. Jean* baifa
la vierge en tout bien, tout honneur.
Si l'Auteur ne le dit point expreffé-
ment, la religion nous oblige à le croire. Marie lui fait des reproches fur
l'éloignement où il l'a laiffée dépuis
la mort de fon fils. Le Saint s'excufe
fort mal & pendant qu'il eft occupé
à donner de mauvaifes raifons de
fon impoliteffe, les Apôtres arrivent :
St. Thomas n'eft pas de cette corvée.
L'Auteur le garde pour la bonne

bouche & cet oubli eſt un morceau délicat qui fait honneur à ſon
intelligence & à la farce. Les Apôtres ſaluent *Marie* qui leur dit

Soyés tous très bien venus
Jeunes, vieux, gros & ménus.

Après les premiers aſſauts de com-
plimiens, la vierge leur demande comment ils ont ſçû le jour de ſon Tré-
paſſement, s'ils ſont venus par le co-
che ou par les chaſſes-marées? *St.*
Pierre, comme le plus intelligent &
le plus infaillible du ſacré collége, lui
fait un détail de leur voyage. Dans
ce narré l'Apôtre ne s'exprime guères
plus clairement que nos Docteurs.
Voici ſon début :

Reine., à qui tout bien eſt entré
Une choſe vous demandés
Que nous duſſions demander
Et dire qui nous a mandé.

Après ce galimathias, *St. Pierre*
raconte comme ils ſont arrivés *d'An-*

tioche. Marie trépasse , on la porte
dans la vallée de *Josaphat*; au retour
St. Thomas rencontre le cortège, *St.
Pierre* lui dit :

> . . . . *Thomas*
> *Je crois que Dieu ne t'aime pas:*
> *Que n'est-tu venu sans tarder ,*
> *Pour ensévelir nôtre Mère ?*
> *Alors* Saint Thomas *pleurant :*
> *Je sais & maintenant vois bien*
> *Que je suis un très mauvais chrétien ,*
> *Incrédule & homme sans foi.*
> *Las ! priés tous Dieu pour moi*
> *Et me montrés , je vous prie*
> *Où vous avés mis le corps de* Marie ;
> *Il est clos en sépulcre*
> *Qui est beaucoup plus doux que sucre*
> *Ni que violette de Mars.*

Ceux & celles, qui liront le Poëme
du *Trépassement de la Vierge*, jouïront
de quarante jours d'indulgence :

> *Car ainsi est déterminé*
> *Jamais ne sera lunatique*

Soit homme laid ou de pratiqne (*)
Contrefait, aveugle, bossu.
Tortu, démoniacle, ni muët;
Et qui écrire le fera
Point de Diable ne lui nuira.

Les *Liégeois*, qui ont plusieurs raisons de craindre que le Diable ne
les emporte, écrivent tous les ans
ce Poëme; sans cette sage précaution le Diable aurait dejà depuis longtems emporté le Pays, à ce qu'ils
disent.

Histoire des Suisses. Les *Suisses*
n'accordent leur droit de bourgeoisie
qu'à force d'argent; *Génève* ne connait point encore le droit ancien &
respectable de l'hospitalité. La *Fran-*

---

(1) L'auteur entend par ce terme les
Avocats, Procureurs Notaires, composans
la Cour de l'officialité de *L****, gens très
méprisables & très méprisés dans le païs.

M 3

ce, contraire à ces peuples , se glorifie d'être la ressource de ces durs républicains. L'honneur de défendre sa nation est en partie confié aux soins de ces soldats étrangers , qu'elle paie plus cher que ses propres citoïens. Un *Français* n'oserait frapper dans *Paris* un *Suisse* sans s'exposer à être pendu & un manan des *Treize Cantons* peut rosser un *Français* au milieu de la capitale sans courrir les dangers de la corde. Pourquoi cette attention pour une République qui n'en a point pour nous ? nous donnons du pain à sa noblesse , nous habillons , nous nourrissons ses peuples & nous recevons chés nous leurs coups de bâton.

Toutes les grandes maisons ont un *Suisse* galonné à leur porte qui s'ennuïe à ne rien faire : pourquoi donner le gouvernement de nos hôtels à l'étranger & refuser cet avantage aux hommes de notre nation ? pourquoi permette aux *Suisses* d'établir des cabarets *gratis* dans nos villes & aux entrées de nos Jardins publics &

priver de cette faveur les naturels ?
cette partialité n'est elle pas affreuse ?
les *Limousins*, les *Auvergnats*, qui
nous appartiennent, viennent faire
nos ouvrages pénibles & les *Suisses*
dorment dans nos antichambres ; nous
nous piquons d'un extrème bon goût
& nous plaçons aux entrées de nos
maisons des gens durs, avares &
grossiers. Nos portes seraient mieux
gardées par un *Français* poli ; la douceur de nos mœurs, imprimée sur le
front de notre compatriote, annon-
cerait davantage l'aménité de la nation que deux mouftaches barbares
qui ne peuvent figurer que chés les
Sarmates, les *Croates* & les *Pongos* ;
car une jolie femme perd infiniment
d'être annoncée par deux grandes
mouftaches. Le *Français* serait moins
intéressé que le *Suisse*, dont la devise ordinaire est : *point d'argent, point
d'amitié.*

Un *Français* n'ose porter un baudrier, pourquoi n'aurait il pas le privilège de porter cette guenille ga-
lonnée ? J'ai vû dans *Paris* des *Suis-*

ſes écraſer de coups un *Français* pour avoir porté le baudrier à la porte d'u-ne égliſe. Quel droit avaient les *Suiſſes* d'aſſommer un *Pariſien* à pro-pos d'un baudrier ? notre merveil-leuſe police, qui tracaſſe ſouvent un homme à talens pour une chan-ſon ne prend point garde à ces abus ?

Les Calculateurs diront peut être : tandis que les Suiſſes ornent nos portes avec deux mouſtaches, nous occupons plus utilement ailleurs nos compatriotes. Ce raiſonnement ſe-rait ſupportable ſi tous les païs ne fourmillaient point de *Français* ; on en trouve juſqu'aux extrêmités de la terre ; nous faiſons des ordonnances pour enlever les fénéants, les Va-gabonds ; ne barbouillons point tant d'arréts, ne forgeons plus des chai-nes, n'envoyons plus nos citoyens aux galéres, renvoyons les *Suiſſes*, la *France* n'aura plus de Vagabonds.

Hiſtoire de la Ville de Liège. L'Auteur de cette hiſtoire a oublié les anecdotes ſuivantes.

La veille de *St. Martin* les *Liégeois* courſent dans les rues avec un balai, où il y a un cierge allumé comme ceux que l'on porte au Sabbat. ils crient, *vivat Saint Martin qu'a vendou ſi choud de chiaſe po bure de vin*; vive *St. Martin* qui a vendu ſa culote pour boire du vin. Cette cérémonie ſe fait en dériſion du Saint Patron de *Tours* & de la nation *Françaiſe.*

Les Manans Bourgeois Habitans de *Vervier* ſont obligés d'envoïer tous les ans les douze plus jeunes mariés, la croix de leur paroiſſe & le tambour de la ville, au Chapitre de *St. Lambert* de *Liège.* Le cortège entre à neuf heures du matin dans l'égliſe, les Députés préſentent en hommage aux Tréfonciers, de l'or, de l'argent & du cuivre; enſuite au ſon du tambour ils danſent une ronde ſous une grande couronne de fer blanc qui décore la nef de la cathédrale. Cette pantomine dure une heure, les jeunes mariées s'y diftinguent ordinairement par la vivacité avec laquelle elles font voltiger leurs jupons & Meffieurs les Chanoines, préfens à la céremonie, ne laiffent point de faire attention à l'élégance de la jambe des fauteufes & peut-être à autre chofe que ce trémouffement dévot fait appercevoir.

Le fcandale fini, les Députés fortent de l'églife, tambour battant, croix levée, vont prendre au marché au bled une méfure de froment, la portent à la troifième arche d'un pont fur la *Meufe*, la brifent avec le bâton de la croix & la jettent enfuite dans la rivière.

L'origine de cette farce vient de ce qu'autrefois les habitans de *Vervier*, plus honnêtes gens alors que les nobles bourgeois & manans de *Liège*, firent une mefure plus grande que celle de *Liège*; ce qui faifait tort aux Chanoines, dont la mefure était plus petite. L'interêt donna de l'humeur au Chapître en conféquence il obligea les habitans de *Vervier* de prouver tous les ans par cette cérémonie que les gens d'églife ne pardonnent jamais.

Le village de *Nomale* dans la *Hesbaye* eft auffi obligé d'envoyer tous les ans la plus laide & la plus vieille femme du hâmeau porter une Oïe au Chapître. Les Trèfonciers entourent cette femme dans l'églife, alors la vieille forcière leur fait à chacun une grimace la plus laide poffible, & quand elle ne varie point fes grimaces, les Chanoines connaiffeurs en grimaces la lui font recommencer ; cette Comédie fe jouë dans l'églife à la grande édification du peuple *liegeois*, admirablement bien organifé pour s'édifier de pareilles fottifes.

Hiftoire fur les reliques. Rien ne fut plus brutal, ni plus ftupide que les Guerres que l'on fit anciennement pour les reliques & le tombeau vuide de *Jérusalem*. Le culte que nous rendons à ces chiffons sacrés est l'hommage le plus équivoque & le plus ridicule que la religion puisse rendre· aux Saints. La plûpart de nos reliques sont apocrifes ou isolées des temoignages qui prouvent leur autenticité. On montrait à *Tours* une croix qu'on faisait baiser au peuple le jour de la·passion, sur laquelle était une agathe antique; dont la gravure représentait *Vénus* pleurant la mort d'*Adonis*.

Louis de Bourbon Prince de *Condé*, étant dans la même ville, voyant sur l'autel le bras d'un Saint, le fit développer, on y trouva un valet de pique avec une chanson d'amour.

A *Bourges* on trouve dans une chasse une petite rouë tournant sur un bâton avec ces mots écrits au tour.

Quand cette roue tournera
Celle que j'aime m'aimera.

Dans l'abbaïe de *St. Guerlicon* en

Berry près du *Bourg-Dieu* fur le ché-
min de *Romorantin*, on voit une image miraculeufe de ce Saint, les femmes, qui veulent dévenir enceintes,
vont s'étendre deffus.

Prefque tous les Pélerins rappor-
tent de la *Galice* des plûmes de certaines poules de la race du cocq, qui
chanta quand *St. Pierre* renia fon maître. A *Paris* on révère à S. *Sulpice* une pierre fur laquelle la vierge lavait les drapeaux de l'Enfant
Jefus. A *St. Denis* on montre la lanterne de *Judas*, ce reliquaire eft,
dit-on, plein de vertu. A *Burgos* en
Efpagne il y a, dit-on, un crucifix
auquel on coupe tous les mois la
barbe & les ongles. A *Rome*, on
adore l'autel, fur lequel St. *Jean
Baptifte* difait la meffe dans le défert,
comme le témoigne le livre des Indulgences, imprimé dans la même ville.

Les Oeuvres de *Jean Jacques Rouf-
feau*. La rudeffe magnifiqùe des ou-

vrages & les penſées de ce célèbre Auteur ſont pareilles aux richeſſes des ſauvages. Ses duretés philoſophiques ont du prix & je ne ſais quoi qui brille & qui bleſſe. *Jean Jacques* reſſemble en tout à l'or & aux diamants qui ſortent des mines, ſes livres en général reſſemblent aux corps naturels, toujours plus lumineux que les Spectres que fait la Magie.

HISTOIRE

MERVEILLEUSE ET SURNATURELLE

DE

MON COUSIN

HOMVU.

Tous les favans du *Nord* ont été
férieufement occupés, il y a quelques années, à gâter du papier
à l'occafion d'une *dent d'or* furvenue
à un enfant (1). Les fouffleurs

---

(1) Sur la fin du XVI. Siècle le bruit
fe répandit qu'un enfant de fept ans du
village de *Weildorff* en *Silefie*, avait une
dent d'or. Tous les favans d'*Allemagne*,
avant de vérifier le fait, en cherchèrent
la caufe. *Horftius*, Profeffeur à *Helmftad*,
affura que ce phénomène était pour la
Bohême une marque affurée de la protection divine contre les incurfions des *Turcs;*

d'*Amsterdam*, de *Londres*, de *Paris* s'étaient doublement épanouis à cette merveille qui devait prouver, disaient ils, à l'univers la science de *Rémond Lulle*, de *Salomon*, d'*Albert le grand*, de *Thomas d'Aquin*, des Chevaliers de la *Rose-croix* & de tous les foux qui avoient cherché à faire de l'or dans une bouteille à l'encre, ou dans une vieille marmite à soupe.

Ce phénomène, annoncé avec tant d'éclat, disparut comme l'étoile des *trois Rois*, à l'expérience d'un Compagnon Orfévre qui reconnut que la dent était couverte d'une feuille d'or. Le *Bouhaha* des savans de l'*Allemagne* devint la risée des savans de *Paris*.

Par une de ces avantures extraordinaires, que plusieurs personnes ne croiront point, mon Cousin *Homvu* était d'or massif. Il naquit à *Pekin* en

---

enfin après une escrime de longue haleine, on découvrit que cette dent était couverte d'une feuille d'or.

1736

1736. En le mettant au monde, ma Tante crut avoir accouché d'un rouleau de mirlitons ; mais en entendant crier cette maſſe d'or, voyant pouſſer des oreilles au lingot qu'elle venait de mettre au jour, elle ne douta plus d'avoir enfanté la *pierre philoſophale*.

Dépuis trois quarts de ſiècle mon oncle & ma tante ſoufflaient continuellement pour faire la queue d'une guinée. Ma tante, qui aimait davantage le grand œuvre que ſon mari, crut bonnement que les idées d'or de mon oncle, conſervées dans ſa cucurbite hermétiquement bouchée, avait produit cet enfant merveilleux.

Mon couſin, n'étant encore qu'un lingot, fut comme le reſte des hommes, aſſujetti aux infirmités de l'enfance. Il fut queſtion de trouver une nourrice. Deux cens Dames de l'extrême bonne Compagnie de *Pekin* briguèrent cette faveur, car une ſeule nuit de mon couſin valait cent bonnes guinées à la nourrice. L'enfant piſſait, chiait, ſuait, bavait de l'or. Par malheur ce couſin avait des gencives d'or, il mettait en poudre les mamelons de ſes nourrices ; cent quatre vingt dix neuf Dames furent les martyrs de l'or & les victimes de l'expérience.

Le jeune *Homvu* allait périr d'inanition lorſque l'on conſulta le Dieu *Xénoti*. Un *Fakir*, à qui l'on promit un peu de la merde de l'enfant, trouva le ſecret de faire parler le Dieu. Le *Tien* répondit par la bouche du Prêtre qu'il fallait nourrir le nouveau né avec la panade merveilleuſe d'un certain *Jean Jacques* qui ſervait alors la meſſe dans les montagnes de *Savoie.*

Cet enfant de bénédiction était la corne d'Almathée pour notre famille. Jaloux de conſerver un tréſor ſi précieux, mon oncle dépêcha un courier extraordinaire en *Savoie.* Le Docteur de l'Iſle de *Robinſon* voulut bien ſe charger de l'éducation de ſon fils. *Jean Jacques* vint à *Pekin*, il fut étonné de la pureté du cœur de

mon coufin. *Homvu* dès fa plus tendre jeuneffe fuivait déjà la raifon &
la nature ; fes mœurs étaient les premières du monde & tout le tinta-
mare de l'*Education d'Emile* n'aurait
rien ajouté à la profeffion de mon
coufin.

Jean Jacques, confondu à l'afpect
de cette merveille, convenait que
les hommes de boue & de crachats
ne valaient pas un homme d'or maf-
fif ; que la caque des premiers fentait toujours le hareng. Il eft inutile,
difait-il, de fe hurter contre la raifon pour inftruire les hommes, on
n'en fera jamais rien tant qu'ils feront de terre glaife. Leur matière
première eft celle de l'éprevier, ils
font tous organifés exprès pour fe
manger les uns & les autres.

Mon oncle renvoïa le Philofophe
faire des miffions de vertu dans le
Vallais ; il trouvait que *Jean Jacques*
était pour l'humanité ce que le
P. Dupleffis était pour l'évangile, tous
deux l'*Arlequin* de leur parti. Le ca-

N 2

ractère folide de mon coufin valoit mieux que le galimathias de fon Précepteur. C'eft le hazard qui fait la fageffe & jamais les préceptes & les loix n'ont fait un honnête homme. Mon oncle vit bientôt dans la converfation de *Jean Jacques* que ce Philofophe avait puifé fon fiftême d'éducation dans les garennes du *Vallais* & dans les petits ménages des montagnes de la *Suiffe*. Mon oncle, qui avait voïagé, affurait qu'il trouverait la même éducation dans les Dunes de *Dunkerque*, où il y a beaucoup de lapins & dans les villages des environs de *Lille*, où il y a beaucoup de *Flamands*.

Le Père de *Homvu*, quoique fou en chimie, était fage en raifon, il ne voulut point faire apprendre de métier à fon fils ; il lui donna feulement quelques idées de notre poëfie française pour laquelle le jeune homme avait d'heureufes difpofitions. Ce fût pour rétablir cet art décrié que mon oncle cultiva ce rare talent dans fon fils. Si mon enfant, disait-il, est un méchant poëte, au moins il ne sera point gueux; l'histoire pourra dire un jour: depuis le règne d'*Auguste* on n'a connu que deux poëtes riches; le Comte de *Tourné* & *Homvu*. C'était donc pour avoir deux époques en ce genre dans la révolution de dix sept cens soixante & cinq ans, que mon oncle permit à son fils de suivre les impreffions de son instinct poëtique.

Pour façonner mon coufin, son père le fit voyager en *France*, où une branche de fa famille était établie. On ne fit point de pacotilles ni de porte-manteau à *Homvu*, fa merde, fa fuëur & fes crachats fuffifaient à fes dépenfes, Vingt Capitaines *Hollandais* follicitèrent l'honneur de l'avoir fur leur bord. Mon oncle le confia au plus riche. *Homvu* fut cent vint cinq jours dans le vaiffeau & y laiffa en fiante, fuëurs & crachats deux mille quatre cent quarante livres d'or. Dès le premier jour de l'embarquement Monfr. *van der*

Dendur, mefquin & avare comme un *Hollandois*, faillit d'étouffer mon coufin à force de mangeaille & de *Karmèlk* (1) Cet homme, qui favait naviger & calculer le prix des denrées de fon païs, avait fait, une mauvaife plume à la main, des fractions, des additions de ce que fon bœuf, fon buerre & fon fromage devaient lui rapporter à la fortie des inteftins de fon paffager ; il le faifait manger de force, tandis qu'il laiffait crever de faim fon équipage.

Le Ciel, qui voulait peut être punir l'avarice du *Hollandais*, affligea mon Parent d'une conftipation horrible. Il fut huit jours fans aller à la chaife percée. Le Capitaine fut à l'agonie. Voilà, criait-il en pleurant, une conftipation qui me coupe la gorge ; dix huit lavemens n'avaient point rendu deux grains d'or louable ; le batave était aux abois ; l'équi-

---

(1) Lait battu ou lait de beurre qui compofe chaque jour le maigre fouper d'un *Millionaire Hollandais.*

page, composé de gens de sa nation, partageait son état douloureux. Une diarrhée salutaire prit tout à coup à mon cousin & le Capitaine admirait avec des yeux d'envie la précieuse déjection qu'*Homvu* venait de rendre. Cette navigation ne fut point tranquille pour mon cousin; chaque jour il essuïait des brutalités du Capitaine. Si par hazard il crachait dans la mêr, le *Hollandais* criait : Monsieur vous me ruïnés, la mer est assés riche de nos naufrages, sans l'enrichir encore de vos rares crachats.

Comme mon cousin était d'or, on s'imagine bien qu'il pésait beaucoup; cependant les mémoires publics & la gazette de *Clèves* ont assuré que les Baronnes & les Altesses de Westphalie pésaient encore davantage, tant la chair & la matière sont prodiguées dans cette province.

Homvu debarque à *Amsterdam*; les *Hollandais* le convoitèrent avec cette concupiscence naturelle qu'ils ont pour l'or. Mon cousin visita la bourse, il fut surpris de rencontrer, sur cette plage étrangère à la rime, un *Poëte Chinois* qui n'avait assurément nul interèt sur la banque, ni aucune affaire à démêler avec la fortune de ce tripot fameux. Mon cousin dit au poëte : mon ami il y a ici un moïen de vous enrichir bien subitement, c'est de composer une gazette de friponneries & du gain excessif, que font ici les commerçans ; vos écrits seront recherchés & votre feuille périodique sera utile aux honnêtes gens pour les précautionner contre les fripons.

Mon cousin alla voir le théatre *d'Amsterdam.* Les *Bataves* ont un spectacle national appellé le *Schouwbourg*, conduit par huit régens, la plûpart marchânds de tabac, qui connaissent le *St. Vincent*, le *St. Domingue* & les carottes de *Dunkerque.* Avec ces connaissances ils croient avoir beaucoup de connaissances du Théâtre, & le peuple les prend pour des êtres distingués à cause qu'ils sont à la tête d'une mauvaise troupe *d'His-*

trions. Ces régens ont une jurifdic-
tion civile & criminelle fur les acteurs, le fouffleur, le moucheur &
l'orqueftre. Si un Acteur, un gagif-
te, manquent à l'heure du fpectacle,
ils font condamnés par une fentence
de la régence à fix femaines de prifon
& chaffés fouvent après le châtiment;
les actrices trop décoltées, ou celles
qui font des enfans, fubiffent la même punition. Les *Hollandais* difpen-
fent leurs Prêtres de la continence,
mais ils veuillent que les filles de
Théâtre foient chaffes; c'eft un des
points de leur reformation auquel ils
paraiffent le plus attaché.

Le Théâtre eft très fréquenté, on
y fait au moins châque repréfentation
quatre à cinq mille livres de notre
monoie : la populace y court comme
les gens opulens. Toutes les mai-
fons ont des tems marqués où elles
vont en famille à la comédie ; les mères y mènent leurs enfans au fein, le
chien de la maifon & furtout leurs
fervantes. La pièce commence exactement à quatre heures & finit ré-

gulièrement à dix heures du foir. On va prendre fa place dès midi, midi & demi : Il faut avoir la patience des fept provinces unies pour tenir onze heures de fuite fur le même banc à contempler de la miſére.

La Salle du Spectacle a l'air majeſtueux d'un chœur de *Capucins* ; elle n'a ni conſtruction, ni goût ; les décorations, à l'exception de quelques morceaux de *Laireſſe*, font très ordinaires. Les acteurs, exactement déteſtables, point de graces, point d'attitudes, ne connaiſſent de parfaitement bien que les contrefens théatrals, ne mettent aucune intelligence dans leur jeu muët ; leurs jeſtes paſſent la tête de quelques pieds & vont toujours de droit à gauche avec le bruit d'un foldat, qui fait l'exercice *à la Pruſſienne*. Ceux, qui ont vû à *Paris* dans le carnaval les garçons bouchers vêtus *à la Romaine* eſcorter le bœuf gras, n'ont qu'à tranſporter ces ruſtres fur *la Scène Hollandoiſe*, ils auront une idée parfaite de cette nation.

Leurs pièces font auſſi mauvaiſes que les *Hiſtrions*; elles font dans le genre monſtrueux de *Shakesper*, mais elles n'ont ni la force, ni le génie, ni les expreſſions *du Poëte Anglais*. Le couſtume des têtes coupées, le tableau des ſièges, le viol des couvents, le maſſacre de Nonnes (*) y

____

(1) Dans la méchante & mauvaiſe tragédie de *Gysbrecht van Amſtel*, ils prennent des filles de louage qu'ils habillent en religieuſes ; elles y paraiſſent en bas rouges, jaunes, verds & blancs. Ces filles chantent auſſi mal qu'elles le peuvent dans un chœur, une orgue les accompagne. Dans la tragédie du Comte d'*Egmont*, on améne dans la priſon de ce malheureux Prince un grouppe d'enfans de cinq à ſix ans, j'en ai compté dix huit du même âge ; peut-être que c'était alors le bon ton des femmes de qualité de faire leurs enfans d'une même jettée, comme les chattes font leurs petits. Cette pièce ſe termine par le tableau de la place de *Bruxelles*, où le Prince a la tête tranchée. L'échaffaut eſt entouré d'une douzaine de crocheteurs *en habits de Gala*, répréſentant les bourgeois ennuieux de *Bruxelles*.

font rendus on ne peut pas plus pi-
toïablement.

Les juifs *d'Amſterdam* conçûrent
le noir projet de mutiler mon coufin. Comme ils faiſaient les ducats
des Etats généraux, ils auraient éx-
écutés ce terrible deſſein, ſi un de
leurs *Rabbins* à l'œil creux, au men-
ton plat & à la longue barbe ne les
en avait detournés.

Ce *Rabbin*, le moins ignorant de
la *Tribu de Lévi*, était parent du côté paternel & maternel à la *Vierge
Marie* & par le mariage de cette ſainte fille avec le . . . ., il
ſe trouvait couſin iſſu de germain
avec les . . . . Le *Docteur juif*, laſſé peut être d'attendre
inutilement le *Méſſie*, fit un mauvais
ſermon où il demontra qu'*Homvu*
était le *veritable Meſſie*, que leurs
Prophêtes avoient annoncé avec tant
d'éclat : ouï, dit-il, à ſes confrères,
il eſt prouvé que le *Chinois d'or* eſt le
ſalut d'*Iſraël*. C'eſt le ſeul de tous
les mortels, qui ont rampé ſur ce
globe, dont la merde ſoit la plus ra-

re & la plus précieuse. Tous les hommes ont infecté leurs semblables de l'odeur puante de leurs excrémens ; celui ci nous embaume de l'odeur suave & salutaire de la sienne. Si le *Messie* doit sentir le mirthe & l'encens, si les parfums de l'*Arabie heureuse* doivent découler de son front, comme dit l'*épouse des Cantiques*, quels signes plus éclatans de la mission qu'un homme venu de l'*Orient*, qu'un homme porteur d'un postérieur d'où coulera sans cesse, comme du *Pactole*, ce métal inestimable qui fait mouvoir les volontés & les bras de l'univers! quelle gloire va rayonner sur notre peuple ? que les noms d'*Abraham*, d'*Isaac* & de *Jacob* vont devenir chers aux hommes! oui, mes frères, notre ancien privilège de voler toutes les nations, & l'or, que notre libérateur magnifique va prodiguer à la nôtre, nous rendra précieux aux yeux du monde entier.

Cette mine féconde d'or nous fournira de quoi acheter des champs d'où découleront *le lait & le fromage d'Hollande.* Nous ferons rebâtir *Jé-rufalem* , nous quitterons les terres catholiques où nos yeux purs font ex-pofés au fcandale de voir les *bouti-ques chrètiennes* remplies de jambons & d'andouilles. L'*Eurôpe* a penfé que le *Meffie* était le fils de *Marie* , un de nos citoïens. Hélas ! comment a t'elle pu croire qu'un homme , qui n'avait pas le fol , fut le Roi d'un peuple qui fe donnerait au Diable pour avoir de l'or , ou la permif-fion de rogner les ducats. *Homvu* va déciller les yeux de la terre & fon règne opulent ramènera les beaux jours de *Sion*.

On vint préfenter en cérémonie le Sceptre de *Juda* , à mon coufin ; le *Rabbin* s'offrit de le graiffer de l'hui-le épaiffe de la finagogue. *Homvu* , frappé de voir la majefté du peuple choifi imprimée fur les faces mal-pro-pres de douze mille crieurs de vieux chapeaux , d'ufuriers & de feffe-mathieu , préféra la douceur phi-lofophique à la vanité de régner fur *Ifraël*. Dans la crainte que cette nation imbécille, ne le forçât à monter fur le trône de *David*, dont il n'était pas l'héritier, il fongea à quitter la *Hollande*.

Homvu comptait d'aller en *France* par l'occafion du mauvais chariot de pofte d'*Amfterdam*. La veille de fon départ, il foupa avec un Miniftre du *St. Evangile* ; la converfation roula fur la magnificence de *Rome* & les richeffes de fon monarque. Le prédicant confeilla à mon coufin de ne point aller en *France* : ce païs inconcevable, lui dit-il, vient de rouër vif l'innocent *Calas* ; les *Français* ont commis cette criante injuftice dans leur fiècle de lumières, en averfion fans doute d'un Prêtre de *Noyon* leur compatriote. Cet Eccléfiaftique, que nous révérons comme un Saint, était un habile homme, il avait du bon fens dans un tems que les gens de fon métier n'en avaient point ; il affura aux perfonnes fenfées que le Pape ne pouvait vendre ni difpofer à fon gré des tréfors de la grace ; que la principauté de ce Pontif était une, chimère, son infaillibilité une autre; qu'il fallait seulement se tenir aux termes de *l'Evangile*, sans rien ôter ni ajouter à *l'Ecriture* : allés à *Rome*, continuait-il, & si vous êtes curieux de voir de l'extrême ridicule, vous serés content de cette ville; vous y verrés sur le trône ce qu'il y a de plus incroïable dans *l'Evangile* & dans les *Prophètes*.

Mon cousin quitte le Ministre, se met en route, faillit par son poid de briser la chaise de poste, mais un peu de son crachat y fait bientot trouver du remède. Après avoir traversé *l'Allemagne*, la *Suisse*, une partie de *l'Italie*, il arrive enfin dans cette ancienne capitale du *Paganisme*.

Le Pontif des croyans sut bientot qu'il était arrivé dans *Rome* un homme extraordinaire; on sent l'or dans ce païs-là, comme nous sentons à *Paris* la mauvaise odeur du Faux-bourg *St. Marceau*. Mon cousin fut admis à baiser les pantoufles du *St. Père*; il ne parut point chatouillé de cet

cet honneur ; il ne trouvait rien de divin dans une paire de mules & il ne pouvait s'imaginer que des gens de bon fens fe piquaffent d'une fi belle paffion pour des pantoufles : encore, difait-il, fi le *St. Pere* était de mon métal, ou que fes bénédictions valuffent la moindre de mes roupies, on ferait fort bien de le careffer, de le lêcher, mais fes bénédictions ne profitent qu'à celui qui les vend, & ruinent ceux qui les achetent. Malgré l'abondance de fes bénédictions le *Moufti* de la *religion romaine* était encore moins aimé que mon coufin qui était *Hérétique Anabatifte & Philofophe.*

Le Pape demanda à *Homvu* de quelle religion il était ? mon parent étonné, vit bien à cette queftion que le pape n'avait point de religion & il lui parut fort étonnant qu'avec l'argent qu'on payait au pape pour avoir de la religion, *fa Sainteté* n'en avait point encore. La demande du *Pontife romain* était bête, y a t'il une autre religion que celle de la nature ? on a beau prouver , divifer , fubdivifer les vieux livres & les vieilles queftions , toutes les religions connues viendront aboutir à la loi naturelle.

Ce difcours ne plût point à un *P. Jacobin* qui avait du crédit à l'inquifition ; c'était une bonne trouvaille pour ce tribunal qu'un homme étoffé comme mon Coufin & peut-être une reffource pour éteindre l'avarice exceffive des officiers du *Saint-Office*. On trouva facilement des raifons d'arrêter *Homvu* : né à la *Chine*, il était *Anabaptifte*, c'était plus qu'il en faillait pour en faire un divertiffement d'*Auto-da-fé*. On l'enferma dans un appartement diftingué de l'inquifition ; & à caufe de la richeffe de fes excrémens , il fut mieux nourri que les autres prifonniers. Sa précieufe merde lui mérita cette *faveur chrétienne.*

Pour convertir mon coufin à la *foi romaine*, on lui envoïa un moine de l'ordre de *St. François*. Ce Prêtre paffait pour un favant parce qu'il favait un peu de *Grec*. Il dit à fon *Profélite* : Monfieur, il faut embraf-fer notre fainte religion ; comme l'or-dure que vous faites eft vraiment de la matière louable, je vous promets qu'avec ce fecours vous n'irés jamais en *Purgatoire*, à caufe que vous au-rés de quoi vous redîmer de cet en-droit, & même fi vous avés du goût pour le *Paradis*, avec de l'or notre *St. Père* vous y placera tout au beau milieu ; pour de l'argent il y a bien mis le *P. Ignace*. Si vous péchés con-tre la loi, ou contre la nature, pour vous abfoudre, la *Chambre Apoftolique* fe contentera de très peu de vos ex-crémens. Ici nous aimons l'or ; & une preuve que nous aimons plus que la religion ; c'eft que nous fommes tous riches & que nous ne fongeons guè-res à la religion qu'*in articulo mortis* pour avoir la bénédiction de *fa Sain-teté* mortelle.

Par le moïen de fes rares excré-mens *Homvu* corrompit fon Guiche-tier ; comme *Danaé* il ouvrit fon fein groffier à l'or. Ils prirent tous deux la fuite & vinrent en *France* où ils voïagerent *incognito*. A la sortie de *Muffi-l'Evêque* ils fûrent arrêtés au goulot par une troupe de voleurs. Ces malheureux, ne voyant point de valife à mon coufin, voulaient l'égorger. Le chef de la bande moins vif & plus intelligent, appercevant la fueur d'or qui tombait du front d'*Homvu*, fe tourna du côté de fes camarades & les haranga. Les voleurs favent faire des harangues, plufieurs en ont fait de très jolies fur l'échelle & les *Anglais* brillent encore dans ce genre d'éloquence.

C'eft l'envie d'avoir de l'or, dit le Capitaine, qui nous a fait entreprendre notre dangereux métier. Il eft démontré, Meffieurs, qu'excepté foixante fermiers généraux, perfonne en *France* ne s'avife de voler fur les grands chemins avec cinquante mille livres de rente. Voici un moïen de nous convertir que le ciel préfente à nos cœurs endurcis : que l'or les amoliffe, Meffieurs ! gardons ce précieux

Chinois pendant quelque tems, ſes
ſueurs, ſes excrémens nous enrichi-
ront à jamais. Mon couſin reſta ſix
mois avec cette troupe, & dès que
les voleurs fûrent enrichis, ils lui
rendirent la liberté & quittèrent leur
déteſtable métier en béniſſant le Seigneur d'avoir employé des moyens ſi
riches & ſi miſéricordieux pour les
remettre dans le chemin étroit du
ciel. Ils virent que l'or était neceſ-
ſaire au ſalut & valait mieux que les
prières des *Derviches* & des *Moï-
nes* ; car tous les *Miſſionaires* & tous
les *Capucins* du monde n'auraient
dans cette occaſion point fait tant de
fruits que les excrèmens de mon
couſin.

Mon couſin vint à Paris, s'infor-
ma de ſes parens, & me prit particulièrement en amitié. On ſçut bientôt dans cette ville qu'il y était arrivé un *Chinois* d'or. La police, qui
a la commiſſion de troubler les honnêtes gens, ne tarda pas à roder au
tour de notre maiſon : Monſieur *Eme-
ry*, qui a porté longtems le caducée

du vieux B * * * était dans les environs avec ſes mouches pour s'informer du nouveau venu, dans le deſſein, ſans doute, d'attrapper un peu de ſes excrémens. Il queſtionna nos Domeſtiques pour ſavoir ſi le *Chinois* n'était point un Auteur qui écrivait contre les *Jéſuites*, ou s'il ne compoſait point quelques ouvrages philoſophiques ; s'il ne conſpirait pas contre l'Etat en éclairant les hommes ſur l'inutilité du *Purgatoire*.

Les Rues, où mon Couſin paſſait, étaient remplies de plus de monde que quand *Sa Majeſté* venait tenir ſon lit de juſtice pour nous demander de l'argent. De jolies filles venaient préſenter leurs mouchoirs à *Homvu* & l'engager à ſe moucher une fois en leur faveur. Quantité de perſonnes avec des ſerviettes blanches s'eſtropiaient pour recueillir ſes crachats plus riches dix fois que ceux qu'on porte avec tant de faſte ſur des habits galonés. Les rues, où nous paſſions, rappellaient aux vieilles gens l'ancien empreſſement de la rue *Quinquempoix*. Oui, difaient les vieillards, nous avons eu autrefois la même fureur pour du papier & nous étions très à plaindre.

Mon coufin, étonné de l'ardeur qu'on avait pour fa fiente, fes fueurs & fes crachats, me dit : *Xan-Xung*, comment les *Français*, fi aimables, font-ils fi paffionnés pous l'or ? en traverfant la rue *St Honoré*, *Homvu* eut befoin de lâcher l'eau, il entra dans une allée : de belles Dames, qui logeaient au premier, s'apperçurent de ce befoin, defcendirent précipitamment avec leur cuvette ovale & fe difputèrent l'honneur de la préférence. Le *Chinois* leur remontra l'indécence d'exaucer leurs vœux. Bon, repondit l'une, il eft bien queftion de décence à l'afpect de l'or ! avons-nous peur d'un objet avec lequel notre vertu fe familiarife de jour en jour.

Mon coufin préféra la cuvette ovale d'une belle blonde, qui n'avait jamais rien blanchi de noir ; il alla dans un coin remplir les befoins de la nature & en s'éloignant de cette allée il me dit : comment se peut-il que des femmes perdent la retenue de leur Sexe pour un peu d'or ? ne vous en étonnés pas, avec le quart d'un de vos cheveux, vous en trouveriés mille qui se prêteraient à vos volontés & à vos caprices.

Nous allâmes à *S. Sulpice*. Le riche Curé de cette paroisse prêchait devant huit Evêques sur la vanité de l'or, le mépris des richesses & l'obligation que les Prélats avaient d'imiter la pauvreté du *bon Jesus* leur maître & leur modéle.

La riche étoffe de mon cousin fut apostrophée dans tous les points du Sermon ; il me dit en sortant : voila pourtant un homme, qui a bien décrié & calomnié l'or ! je trouve admirable que votre police ait établi des gens pour inspirer aux peuples l'horreur d'un métal, dont ils paraissent tous possédés. Oh ! ne vantés point dans ce pays la police, ni la religion, & n'allés point croire le moindre mot de ce que ce Curé vient de prêcher ;

les Prélats , qui l'ont écouté si attentivement, savent bien que ces fleurs
de rhétorique ne sont que du style,
ils n'ont garde. de méprifer l'or pour
un Sermon , ni pour mille. Les gens
de cet Etat sont obligés, il est vrai,
de renoncer à la chair & aux richesses ; malgré leurs vœux ils ont de
l'or dans leurs coffres & souvent de
la chair dans leur lit qui n'est point
la leur, mais de la chair appétissan-
te qui appartient à des maris commodes, ou qui leur vient de chés
la *Varennes* ou de chès la *Dubuisson.*

Ces Sermons ne font point faits
pour les curés de *Paris*, ni pour les
Prélats du Royaume, c'est pour
quelques milliers de *Dindons* épars
dans les églises, à qui l'on tache d'inspirer le mépris des richesses pour les
consoler de leur pauvreté. Les Prélats, remplis de l'éloquence du prédicateur, se garderont sérieusement
d'abandonner leur or ; tout au contraire ils solliciteront en Cour pour
obtenir quelques riches Abbayes.
Voila où se terminent nos instruc-

tions, nous déclamons favammant fur ce que nous adorons ; & le fruit que nous recueillons de ces exhortations, c'eft de conferver toujours nos richeffes, nos faibleffes & nos vices.

Si les fermiers de l'orateur, qui vient de méprifer fi éloquemment l'or & l'argent, lui refufaient demain le payement de fa dîme, Mr. le Curé de *St. Sulpice* mettrait tous les pouffe-culs & les Procureurs de *Paris* à leur trouffe ; avec fon Sermon fur la haine des richeffes vous verriés un beau carillon dans les trois chambres du parlement ; peu-être que l'affaire irait au Confeil du Roi ; car pour avoir de l'or, on a imaginé des Confeils, des Arrières-Confeils & des Enquêtes, & pour voler cet or aux particuliers & au Roi, on a crée les cinq groffes fermes.

Mon coufin ne favoit que penfer de ces réflexions, il n'y voyait qu'un profond galimathias : je m'expliquai, il vit que j'avais raifon & que tous les hommes étaient des monftres ou des fous. Comment, me dit-il, fi l'on prenait un des mes crachats dans les mains d'un de ces hommes qui les a ramaffés fur la rue, on ferait donc un procès au voleur ? bien pis, lui dis-je, le larron ferait pendu, & fuppofant que votre crachat pésât une once, l'once d'or vaut en France 80. Livres, dans quatre vingt livres il y a trois cent vingt pièces de cinq fols; fi trois cent vingt perfonnes, vêtues d'habits bigarrés, prenaient chacune la trois-cent-vingtième partie du crachat, les trois cent vingt perfonnes bigarrées feraient pendues. Les cheveux d'or de mon coufin lui drefsèrent à la tête, il trouvait abominable d'étrangler un homme pour cinq fols. Un tort de cinq fols, fait à la fociété, difait-il, peut-il égaler la vie d'un homme ! c'eft votre rage pour l'or & pour les fols, qui a imaginé ces loix cruëlles & barbares.

Mr. de *Silouëtte*, occupé du bien de l'Etat & informé que mon cou-

fin était d'or, songea à tirer parti de son étoffe ainsi qu'il avait fait
des chandeliers de sa paroisse. La
nation, disait ce savant Ministre, ne
prend plus d'interêt à la patrie, depuis qu'elle n'est plus rien dans l'E-
tat. Il y a dans ce royaume d'excellentes têtes, pleines de bons projets
pour acquitter les dettes de la nation ;
mais ces excellentes têtes ne veulent
point s'exposer aux disgraces du Ministre, qui ne profite de rien. On a
écrit si profondément sur l'inutilité
des fermiers généraux, on a démontré à l'œil comme au doigt que le
Souverain serait plus riche si l'on
supprimait les quarantes frippons,
qui sucent la capitale & les provinces. Ces écrits lumineux ont fait
l'admiration de *Paris* & la Cour a
defendu aux bons citoyens de l'éclai-
rer davantage sur l'abus des *cinq gros-*
ses fermes. Le *Français*, détaché de
sa patrie, perd insensiblement l'amour
qu'il avait autrefois pour elle. Le
plus sage dit en lui-même ; que la

roue de l'Etat aille comme elle peut !
je payerai quelques deniers & quelques sols pour livre ; j'ai affez de
bien pour acquitter galamment cette
dette ; faifons comme les Moines,
difons toujours du bien du Couvent
& de Mr. le Prieur, & laiffons tomber
la communauté dans la médiocrité.

Homvu eut une grande conférence
avec les Miniftres ; il leur démontra
que le feul moyen de bien gouverner, était de trouver des Généraux
& des Miniftres de fon métal. Comme la foif de l'or vous étrangle
tous, leur dit-il, prenez un Général d'or, il ne fera point curieux de
trahir le Roi pour faire fa bourfe ;
n'ayant pas befoin d'argent, il fera
plus de cas des hommes ; car vous
regardés vos citoyens & vos foldats
à peu près comme les paquets de bales de fufil ; dans une affaire vous racontés avec beaucoup de fang froid
que vous avés perdu vingt mille hommes comme vingt mille cartouches ; il
parait que vous ne faites guères plus

de cas des premiers que des derniè-
res.

Pour achever de bien gouverner votre royaume, il vous faudrait un Miniftre comme moi ; pour croire à votre religion, un Pape comme moi ; & pour adminiftrer vos finances, un Controleur comme moi. Avec des gens de mon étoffe, vous n'auriés plus befoin de fermiers qui vous vo-lent.

Pour faire fervir aux befoins de l'Etat les excrémens de mon Coufin, Mr. de *Silouëtte* voulait l'envoyer à la *Baftille*; un Commis du bureau de la guerre le détourna heureufement de ce deffein ; la fiente de ce *Chinois*, dit-il, au Miniftre, n'eft point capable de fournir à nos fottifes, laiffons la au peuple pour l'enrichir ; nous repomperons les richeffes du Peuple par la machine des *cinq groffes fermes*.

Homvu tomba malade. Les meilleurs Médecins de *Paris* vinrent en foule lui offrir leurs fecours meurtriers.

Mon coufin , par complaifance pour nous , fuivit quelques unes de leurs ordonnances & les Médecins l'affaffi-nèrent. Nous comptions hériter le précieux cadavre de *Homvu*, helas ! que nous fûmes trompés ! le *Fifc* vint reclamer cette fucceffion, fous le pré-texte que les trofors découverts lui appartenaient. Nous appelâmes la caufe au Parlement. Après avoir griffoné beaucoup de papier & fait brailler raifonnablement les plus fa-meux Avocats de *Paris*, la Cour dé-cida que les Loix de *Conftantin*, que l'on fuit en France à caufe que l'on n'y fait pas faire de bonnes loix, n'a-yant rien dit des cadavres d'or, ni d'argent, le *filence* du légiflateur le donnait *par droit de conquête & de trou-vaille* au *Fifc*. Pour empêcher les murmures du public, la Cour régla dans la fentence, que le cadavre fe-rait depiécé & que d'icelui, devant qui appartiendrait, feraient faits legs pieux & profanes.

Mr. *Germain* vint, avec douze ou-vriers, faire cette opération. On donna la tête de mon couſin à l'égliſe de *Notre Dame*. Comme l'or & l'argent ne ſont point hérétiques, ni excommuniés à *Rome*, ni à *Paris*, Monſeigneur l'Archevêque *Chriſtophe* fit faire un beau ſoleil, ou remontrance, au *très Saint Sacrement de l'Autel* avec la tête d'un hérétique, mort ſans billet de confeſſion.

On léga le cul de mon Couſin à *Sulpice* pour en faire une belle *Notre Dame* d'or. Quelques critiques ne manquérent point de repréſenter au Curé *Languet*, qu'un derrière n'était point décent pour faire une bonne vierge. Bon ! repondit-il, j'en ai bien fait une d'argent avec les cuvettes ovales de deux vierges de l'*Opéra*, mortes ſur les rechauds de *St. Côme*; le feu purifie tout. On donna les deux mains de *Homvu* au Maréchal Duc de *R....u. Paris* applaudit à cet article de la ſentence, car Monſeignuer aimait l'or & était digne de l'aimer. Il le gagnait ſi adroitement, il en faiſait ſi bon uſage,

qu'on

qu'on était perſuadé qu'il allait encore bâtir un beau Sallon ſur les
Boulevards, acheter des tableaux
mouvants & peut-être des filles
pour uſer plus tranquillement ſes
vieux jours.

Beaucoup d'Auteurs, qui ne con-
naiſſaient l'or que par rélation, pour
gagner quelques ſols en décriant les
richeſſes, ſaiſirent l'occaſion de la
mort de mon Couſin pour chanter les
vanités paſſagères de ce monde. La
capitale fut noyée de mille jolies bro-
chures, dont la moindre valait mieux
que tout l'or qu'*Homvu* pouvait produire. Malgré tant de ſublimes talens, les Auteurs ne faiſaient qu'enrichir les libraires & augmenter leurs
impertinences.

Mon père, ruïné par ce maudit
procès, n'avait plus d'autre légitime
à me donner que ſa bénédiction ; je
ne la lui demandai point, & pour gagner du pain, je ſongeai à compoſer
de mauvais vers. Je n'avais que cette reſſource, ou celle de préſenter

un bout de piſtolet aux gens, qui s'a-
viſaient de reſter trop tard dans la
rue. Les ſentimens honnêtes, que
ma naiſſance m'avait inſpirés, m'em-
pêchèrent de prendre ce métier, je
pris celui de Poëte. La méchante police de *Paris* ne voulut point me permettre de rimer.

HISTOIRE
DE LA
PROCESSION
DU GRAND
GÉANT DE DOUAI.

LA Proceſſion du Grand Géant ſe fait tous les ans le premier Dimanche après le 16 de Juin. L'origine de cette fête ſe perd dans l'antiquité. Les Auteurs, qui ont écrit ſur cette matière, ont, comme les Theologiens, donné leurs doutes & leurs conjectures pour des lumières.

Buzelin, dans ſes annales écrites ſur le ton de nos vieilles légendes, lui donne deux origines, qu'il attribue au ſecours merveilleux de *St. Maurant*, Patron de *Douai*. Il aſſure qu'en 1556. *Gaſpard de Colligny*,

voulant furprendre cette Ville, avait
exprès choifi. *la Veille des Rois*, fachant que les habitans étaient cette
nuit enfévelis dans la bierre & le vin.
Le Saint, qui tremblait pour fes fidèles ivrognes, alla trouver le fonneur
de la collégiale de *St. Amé*, à qui il
ordonna par trois fois de fonner les
matines. Cet homme, qui n'avait
point cuvé fon vin & qui fentait le
danger d'éveiller trop tôt les Chanoines, mollement enveloppés dans
leurs toiles & encore anéantis dans
les fatigues de la veille, refufa d'o-
béir. Après un débat ridicule, que
Buzelin rapporte, il fe léve & va fonner les *Matines*; mais pour un miracle de la grace, au lieu de fonner en
branle, il donne le tocfin & l'allar-
me. Ce bruit effrayant éveille le
peuple, on court en foule fur les
Ramparts & l'on trouve *St. Maurant*,
vêtu d'un habit de *Bénédictin*, fémé
de fleurs de lis d'or, qui deffendait la
porte de la ville. Le Saint fleurde-
lifé voulait, fans doute, faire paroli
avec les *étendarts Français*.

(213)

Le même hiftorien raconte cette
même avanture & la donne comme
une rufe des ennemis pour furprendre
les *Douaifiens* ; il dit que les *Français*,
cachés dans les bleds, avoient amenés
d'*Atras* deux machines roulantes, fort
épaiffes, faites en forme de pieds de
chèvre, qu'ils devaient lancer dans
la porte, ou fous la herce auffitôt
qu'on l'ouvrirait & pour mieux a-
morcer les *Flamans*, ils avaient là-
ché vers la porte un cheval fans
bride pour les engager à courir a-
près.

St. Maurant, à qui l'hiftorien donne toujours le foin de proteger les
Flamans, alla tirer un coup de canon
fur le Rampart ; le bruit fit connaître
aux ennemis qu'ils étaient découverts,
ce qui les obligea de fe retirer. En
confidération de ce miracle, on in-
ftitua une proceffion folemnelle, où
l'on traîna les deux machines, dont
on fit après deux figures gigantef-
ques. Cette avanture a été mife en
rimes plates & enchaffée dans un ca-
dre que l'on expofait fur l'Autel de

St. Maurant, où le peuple venait la lire auffi refpectueufement que le *St. Evangile*.

Cette proceffion commence par les corps de métiers. Chaque corps a quatre torches, ce font des grands bâtons où pendent les hiéroglyphes de leur métier : les *Savetiers* ont de vieux fouliers ; les *Bouchers* une piè-ce de lard, des andouilles, des têtes de veau ; les *Poiffonniers* des harans & des queues de morues. Chaque corps a fa croix d'argent & le patron attri-butif du métier. Les Tailleurs, gens de précaution, ont *St. Homme-bon* & le *Sauveur du Monde*, par ce qu'ils ont befoin de toute la Ré-demption pour fe fauver, & cela dé-puis que l'on s'habile dans les *Pays-Bas*. Les Maîtres, les Compagnons, les Apprentifs marchent fur deux lignes le chapeau fur la tête & la can-ne à la main. Cette façon lefte d'af-fifter aux proceffions eft particulière à ces peuples.

Après cette tirade de corps de mé-tiers, un enfant habillé, en Ange,

monté fur un *cheval bénédictin*, fuperbement enharnaché., porte l'étendart de la moinerie, où eft écrit en
grandes lettres rouges ce verfet du
Pfeaume:

ETIAM SI FUERINT SATU-
RATI, ET MURMURABUNT.

L'ange de la moinerie eft fuivi
d'un gros frère Capucin, porteur d'u-
ne croix de bois, où pend une verge
& une difcipline. Ce trifte étendart
annonce dix *Peres Capucins* bien nourris ; les *Révérends indignes* marchent
fans manteaux & dans un honnête né-
gligé. La décence & la modeftie,
qui conviennent à des *Capucins*, ac-
compagnent leurs pas.

A leur fuite vient une compagnie
de cent hommes, appellée les *grands
Carmes*, qu'on diftingue de leurs frères Cadets par la fierté de leur marche. Ces moines du Vieux Tefta-
ment portent l'image de Notre Dame
du *Mont-Carmel*. Les *Flamans* faluent
profondément ces Bonzes, en leur di-

fant : voilà des Serviteurs de Dieu. Suivant la liste des indulgences du Carmel, il est dit : que si quelqu'un, de quelque condition & qualité qu'il puisse être, rencontre un *Carme* & le salue en lui disant, *voilà un Serviteur de Dieu*, il gagne cent ans d'indulgence. Les *Flamans*, qui sont frians des trésors de l'Eglise, ne manquent jamais de saisir l'occasion favorable de leur procession pour gagner cent mille ans d'indulgence *in globo*.

A la suite de la Reine des cieux & des scapulaires, on voïait Notre Dame du *Rosaire*, entourée de chapelets & de la famille de *St. Dominique*. Suivaient après Notre Dame de *Lorette*, Notre Dame de *Bonne espérance*, Notre Dame de la *consolation*, Notre Dame de *Grace*, Notre Dame de la *bonne joie*, Notre Dame des *Sept Douleurs*, Notre Dame de la *Paix* & Notre Dame de *Remède*, escortées des frères de l'hopital des Incurables de la *Trinité*, ayant à leur queuë le *Grand Seigneur* le Turban sur l'épaule.

Une boutique ambulante de croix annonce les deux Chapîtres, deux cent Reliquaires & le glorieux *St. Maurant*; des Chantres gagés dégoifent avec diftraction en l'honneur du Patron ce verfet.

Sicut unguentum quod defcendit in barbam Aaron.

Dix Bedeaux annoncent le *Magnifique* (1); les Docteurs des quatre facultés, les Bacheliers en Droit & en Medecine, vêtus de rouge, tiennent d'une main des éventails & de l'autre jettent des dragées à la tête du beau fexe. Cette cérémonie paffe pour une grande politeffe, tant les *Flamans* ont de courtes idées du favoir vivre.

Un Timbalier, fix Trompêtes, précédent une cavalcade d'Ecoliers, conduite par les R. R. P. P. *Jéfuites*,

______

(1) Titre qu'on donne au Recteur de cette petite univerfité.

qui marchent à pied. Les étudians, vêtus de Robes de chambres de Callemande de différentes couleurs, représentent les peuples de l'*Asie*; & pour augmenter l'éclat de la fête la cavalerie fait de moment à autre des décharges de pistolet.

A la queue de cette cavalcade parait un *char de Triomphe*, il représentait l'établissement de l'Université de *Douai*. *Philippe II*. Roi d'*Espagne* siégeait au haut sous un *Dais de cuir doré*. Sa Majesté, figurée par un écolier, était vêtue d'un casaquin d'*étamine noire*, galloné de *papier blanc*. Le prix du vêtement était réhaussé par des paremens de papier, où restait l'empreinte des Macarons qu'on avait façonnés dessus : La coëffure d'un pain de sucre, artistement rangée sur un feutre repassé à neuf, lui servait de couvre-chef ; un manteau noir, où l'on avait peint des Lampions, tenait lieu de manteau royal : une toison de fer blanc paraissait de loin un des plus beaux bijoux de la Couronne d'*Espagne* : des manchettes de papier, découpé en forme de dentelés, relevaient encore l'air ma- jestueux du Prince; en un mot cet- te cérémonie figurait à peu près un *Auto-da-fé*, dont *Philippe II.* orné d'un *San-benito*, représentait la vic- time.

Un grand enfant de Chœur, vêtu de rouge, figurait à côté du Roi, Son Eminence le Cardinal de *Granvelle.* Le Prélat donnait la bénédiction à l'Université & par ricochet aux filles enceintes, qui se trouvaient sur son passage. Au pied du Roi on remar- quait le génie de la ville de *Douai;* d'une main il tenait l'écusson des Ar- moiries de la Ville & de l'autre le ca- ducée brisé de *Mercure.* Ce génie é- tait exécuté par une fille de quinze ans, extrêmement jolie; sa coëffure, semblable à celle de la Déesse *Cybelle,* était ornée de Tours, de Bastions & de Forteresses, pour signifier peut- être que la tête des flamans est une place fortifiée d'ouvrages à cornes; elle était dans un déshabillé jaune, garni de rubans verds & de barbeaux qui jettaient un éclat furieux sur l'Université.

Au milieu du char on voïait le Prince détrôné des Philosophes, le *grand Ariflote* tenant un éteignoir ; un peu plus bas *l'arbre fameux des Catégories* ; à fon côté le *R. P. Bougeant*, la robe pleine de Chats , de chiens, de Hannetons & de Rhinocéros ; il levait une banière où étaient ces vers.

> *De cent Queflions que voici ,*
> *L'une eft médiocre, l'autre eft bonne :*
> *Beaucoup ne valent rien : mais qu'on ne*
> *s'en étonne*
> *Nos Queflions fons ainfi.*

La *Medecine* était repréfentée par une Déeffe vêtue de noir, qui tenait d'une main les cifeaux des Parques & de l'autre ces vers pour remémorer aux *Flamans* la merveilleufe recette d'*Hippocrate* ,

Armons-nous tous de la bouteille
    Car sans le vin
    Le corps humain
    Est en langueur
    Le Jus de la treille
    Le met en vigueur.

La *Chirurgie* était figurée par un Squelette, qui tenait un rasoir avec ces mots : *Je rase proprement.* La *Pharmacie* avait sur la poitrine une médaille d'or, où était gravée l'image de la Déesse *Cloacine*, elle tenait précieusement un pot d'*Albium græcum.* La *Morale* habillée par les *Jesuites* tenait d'une main un grand cartouche, où on lisait ces mots : *La phisionomie de la Foi varie à l'infini* : & de l'autre un thermomètre avec cette devise.

Les vents de Loyola font monter ma liqueur.

La *Théologie* était représentée par une fille *Espagnolle*; deux Jésuites lui bandaient les yeux, elle tenait toutes les lettres du faux *Arnaud.* Ce fauſfaire était fous fes pieds, le front couvert de plumes de chats-huants. Le *Droit* était fimbolifé par une vierge couronnée de clouds de géroffles, de canelle & de poivre concaffé ; le tout bien & dûment collé fur de vieilles lettres de provifions. Deux *Jefuites* lui offraient la *Bulle* du *P. Tellier* qu'elle baifait refpectueufement ; alors les *Inigiftes* criaient : *bene, bene : digna, digna es intrare in noftro nigro corpore.*

Vers le bas du char on voyait le vieux *Defpautere*, vêtu d'un antique parchemin rempli de fcolion. Il portait un Thiare de papier gris, où étoient écrites en abrégé les règles de *l'ablatif abfolu.* On avait attaché à la ceinture de fa culotte cette régle du Rudiment, où il eft dit : qu'*il faut accorder le fubftantif avec l'adjectif en genre, en nombre & en cas. Defpautere* tenait un grand carton, où étoient deux colonnes ; dans la première on avait mis tous les *génitifs* du genre féminin ; dans la feconde tous les *nominatifs* du genre mafculin ; au bas on lifait ; *le nominatif maf-*

culin ne doit point enjamber *fur* le génitif féminin, à *caufe* que le génitif *eft*
le créateur du nominatif & que tous les
cas dérivent de lui.

Le *fecond* Char repré*fentait* le
Temple de la *Déeffe* *Vefta*; onze filles, *auffi* pucelles que leurs mères,
étaient les gardiennes du feu *facré*.
Ces vierges étaient *fuperbement* dé-
corées; on avait *choifi* exprès celles qui avaient plus de gorge; ce
Char avait l'air d'une boutique de *Tétons Flamans*. Ces onze *veftales* figu-
raient la *ftérilité* du païs *Un* chœur
de *Mufique* couronnait cette cérémonie, en chantant, dans la langue *favante* du païs, le cantique *fuivant*.

A la fête fous l'ormiau,
Danfant avec les filettes;
Nous n'avions mi de capiau,
  De coches, ni de Brayettes;
Et quand nons faifions des fauts,
Nos kemifes étaient trop courtes,
On voyait nos affutiaux.

❧❀❧

Les jeunes filles, en danfant,
Faifaient un peu la nitouche ;
En lorgnant par devant
L'iau leur venait à la bouche
Et quand nous faifions des fauts &c.

❧❀❧

Nous leur difions en riant
Ne penfés point à malice.
Lorgnés belles hardiment
Tout ça fe porte à l'eglife
Et quand nous &c.

❧❀❧

Jacques Tonniau ce gros rioux (1)
Leur difoit d'un air de goualle.
Tenés fillettes pour vous
Ça vaut mieux qu'un quart de toile
Et quand nous &c.

————————————

(1) Railleur.

Ces

Ces deux chars étaient fuivis d'un vaiffeau de ligne ; il repréfentait l'*Arche de Noë*. Ce confervateur de la mauvaife efpèce humaine était figuré par un faifeur de mords, qui embouchait les *quatre Facultés*. Sa tête était couronnée de pampre ; à fes pieds on lifait ces vers.

Dans les couvens cette liqueur vermeille
    Nourrit la paix, entretient l'amitié
Sans vos charmes puiffans fécourable
    Bouteille,
    Les Saints Fakirs *féraient fans charité.*

On avait habillé *deux cens Flamans* en bêtes. Leur air naturel ne rendait pas la métamorphofe fenfible. Le Bœuf était repréfenté par un Docteur en Médecine ; le Renard par un Procureur ; le Cocq par un Carme du grand Couvent ; l'Ane par un *Mathurin*. Un *Jéfuite*, habillé en Corbeau, précédait l'arche ; il portait à fon col ces vers.

Q

Uu Moine! ó Dieux, quel animal!
Jamais la siniſtre Corneille,
Ne fut d'augure plus fatal.

Venait enſuite une rouë, appelée la *rouë de fortune.* Un homme vêtu en Pantalon, avec un nez poſtiche, était le conducteur de cette eſpèce de voiture. Deux roues, qui ſervaient à conduire la machine, donnaient le mouvement à une rouë de rencontre, qui faiſait tourner la quatrième. Sur cette dernière on avait rangé des figures de grandeur naturelle, qui repréſentaient les différens Etats de la vie, caractériſés par chaque perſonnage. Au milieu de la rouë on voyait la fortune. Cette machine traçait la viciſſitude des fortunes humaines, en montrant les perſonnages tantôt en haut, tantôt en bans.

Le fameux géant & ſon épouſe marchaient, en danſant au ſon du tambour un menuët en grand, tandis que leurs enfans l'exécutaient en raccourci. Ce géant eſt dela hauteur de vingt pieds : ſa femme de la même taille ; leur troisième enfant est en béguin & tient un hochet ; il a huit pieds de haut ; les mères le font baiser à leurs enfans, qui pleurent si cette faveur ne leur est accordée. Cette attention des parens allume, de bonne heure dans le cœur des *Flamans*, l'amour qu'ils ont pour cette famille ; car le plaisir, qu'ils ont de voir danser leur grand géant, les chatouille trois mois d'avance.

Cette Procession, sainte & ridicule, est entourée d'une multitude innombrable de *Flamans*, dont les chapeaux sont décorés de branches de bui beni, d'une image du *St. Suaire* & d'un billet, qui a touché à la tête des *trois Rois* (1). Cette fête s'exé-

---

(1) Les *Flamans* sont fort superstitieux & très dévots à la messe, ils achalandent avec soin les Eglises, où les prêtres expédient plus vite ce sacrifice. Le moment, où ils paraissent plus recueillis, est celui, où le Ministre dit ces paroles *sursum corda* ; alors ils font avec le pouce une croix sur leurs cols ; ils prétendent que

cute encore tous les ans ; & à la honte de la Religion, que les Flamans
ne connaiffent point encore, on voit
dans la même cérémonie les reliques
des Saints, les Prêtres & le chant de
pfeaumes confondus avec les mafcarades, les pantalons, & l'indécence.
Tout ce qu'il y a d'édifiant dans ce
carnaval ambulant, c'eft qu'il retrace
chaque année l'injurieux parallelle de
Dieu & de *Barrabas*.

---

cette céremonie les empêche d'être pendus ; cependant. malgré leur dévotion au
furfum corda, on en pend plus chès eux,
proportion gardée, qu'à *Paris*, où cette
tendre dévotion n'eft point connue.

HISTOIRE

DU RÉVÉREND

PERE DU PLESSIS

MISSIONNAIRE

DE LA

COMPAGNIE DE JESUS.

*Pourquoi les Dieux m'avoient-ils
fait si bête ?*

Les Auteurs de la défunte Compagnie de *Jesus* ont été partagés sur le lieu de ma naissance. Le grand confesseur *Berthier*, facteur d'un journal, qui n'était plus lisible, me fit naître à la *Martinique* ; le Pere *Bougeant* dans l'Isle des *Houynbubmus* ; le *P. Corvette*, mauvais Auteur, dans le païs désert, où *François Xavier* a converti six mille ames.

Q 3

Mon éducation fut remife à Monfieur & Madame *Duplat* de *Quimper-
corintin*. Mr. *Duplat* était un homme crédule & le mortel le plus propre à être attaché au char de la foi ;
le bandeau de l'évangile femblait être
fait exprès pour fes yeux. Madame
était une femme dévote, qui citait
Dieu à chaque parole, le prenait en
vain à chaque inftant. Un domeftique avait-il la gale, ou quelqu'autre
infirmité, parente à cette maladie ;
c'était une punition du Seigneur, qui
fe vengeait de la négligence de fon
fervice ; le châtiment venait de la fervante d'un Chanoine, elle le tenait
de fon maître, qui l'avait apporté du
Séminaire

Cette Dame, fort fuperftitieufe,
avait vu tous les défunts minois de
Meffieurs fes Grand-Pères : apperce-
vait-elle à fon reveil une tâche fur
fon linge, ou quelques marques fur
les bras occafionnées par une mauvaife
attitude, la famille allarmée croyait
auffitôt qu'un Trépaffé était venu la

châtouiller, ou la pincer pendant la nuit ; une salière renverſée, des couverts ou des couteaux croiſſés, un pain mis à rebours la faiſaient trembler.

La première éducation qu'ils me donnèrent, fut de m'apprendre à baiſér la main, lorſqu'on me préſentait quelque choſe. La main, dans l'eſprit de Mr. *Duplat*, avait les prérogatives des reliques. Le premier ſavoir qu'on m'inculqua, fut la diſtinction de la droite & de la gauche, la première ſous le nom de *belle main* & la ſeconde ſous celui de *laide main*. Je ne pûs atteindre qu'avec beaucoup de difficulté à ces dégrés de perfection. Mr. *Duplat* déſeſpérait de mon éducation ; il diſait ſouvent à ſa femme : Madame *Dupleſſis* ſera gauche des deux mains.

Mes précepteurs, voyant que je ne pouvais diſcerner la main gauche de la droite, s'aviſérent de mettre, dans la poche droite de mon habit, un morceau de fromage, & un morceau de pain dans la poche gauche ;

alors Mr. *Duplat* me difait : *Duples-*
fis, préfentés la main du côté du fromage? *Dupleffis*, préfentés la main
du côté du pain? cette induftrie lui
réuffit, à moins de trois mois, je préfentai les deux mains comme un Ange
& j'appris la diftinction parfaite de la
droite & de la gauche; ce qui me donna une connaiffance très intime de
mes deux mains.

Brifé, anéanti dans la connaiffance
de mes deux mains, je paffai aux élé-
mens de Mathématique. Mr. *Duplat*,
chargé de mon inftruction & de celle
de fes filles, me donna les prèmières
notions de la perpendiculaire, en me
montrant à faire l'arbre : cette figure
confifte à fe tenir fur la tête les Jambes en l'air. Mon Précepteur con-
cluait, de cette image, que tout homme décrivant une pareille perpendiculaire ne pouvait perdre fa culotte.
Les Demoifelles *Duplat* n'eurent aucune connaiffance de cette figure, on
les bornait aux idées des *furfaces* &
des *corps*.

De cette première leçon, je fautai

à la connoiſſance du cercle & l'utilité du rouage. Mr. *Duplat* m'enſeigna l'art de faire la rouë : cette ſcience conſiſte à ſe renverſer ſur les mains, ſe redreſſer ſur les pieds, retomber ſucceſſivement, ſe relever de même & parcourir de la ſorte un certain eſpace aſſès conſidérable. Les Demoiſelles *Duplat* ne fûrent pas encore éduquées de cette partie de Géométrie ; les filles ont apparamment moins d'égalité que les garçons ; peut être auſſi que la péſanteur des Corps les ferait tomber ſur le dos ; poſture honnête, dit Mr. de *Voltaire*, où toute fille doit tomber.

La connaiſſance du levier vint à la ſuite de ces inſtructions : elle conſiſte dans la théorie de la culbute. Le méchaniſme de cet art ſe réduit à poſer les mains par terre, jetter le cul en avant, de-ſorte que les pieds paſſent perpendiculairement au deſſus de la tête & de ſe relever du même coup droit ſur les pieds. Les filles de Mr. *Duplat* n'apprirent point à faire la culbute ; le Père la regardait comme une science infuse dans le beau sexe.

L'expert *Duplat*, pour conserver chés lui la simplicité du jeu & nous continuër ses leçons de Mathématique, avait imaginé un jeu appellé, *Laché-tirés*. Ce jeu, sans contredit, le chef d'œuvre de l'esprit humain, s'exécutait avec les jarretières des joueuses & des joueurs : Une des Demoiselles *Duplat* en tenait tous les bouts, chaque joueur avait son bout, & dès que celle, qui tenait tous les bouts, criait *tirés*, nous devions lâcher notre bout & tirer lorsqu'elle disait *lachés*. Il y avait des jours de dévotion, où les Demoiselles *Duplat* ne voulaient point jouër à *lâchés-tirés*, de peur que leurs jarretières n'eussent scandalisés le prochain.

Notre Mentor nous avait appris à jouër avec intelligence le jeu de la *main chaude*. Mon esprit à ce jeu sortait de tous côtés, pétillait comme un feu d'artifice : jamais les Auteurs de l'Encyclopédie n'attraperont comme moi le talent d'appliquer une main fur une autre. Ce jeu m'a donné d'abondantes notions des furfaces & le moïen de les multiplier à châque inftant auffi promptement que l'éclair.

Comme tous les ridicules devaient entrer dans ma tête, je donnai dans la poëfie, furtout dans les méchans vers. Ce fut la *Ste Vierge* & l'*Enfant Jéfus* qui dévelopèrent mes talens poëtiques. Madame *Duplat* avait une *Notre Dame* dans fa cuifine, qui avait un petit *Enfant Jéfus doré*, le poupon me donna l'idée de faire une pièce de vers à la Mère. Je compofai une balade fur ce refrein : *Vierge*, *l'enfant Jéfus eft un enfant doré.*

BALADE.

Fille Augufte des Rois, ô vierge incomparable !
Qui faites dans le ciel la pluïe & le beau tems,
Faites luire à nos yeux votre fceptre adorable,

Entendés nos soupirs, nos vœux &
    nos accens.
Nous périssons sans vous, & la main
    criminelle
De l'ennemi commun, dans la nuit
    éternelle,
Va plonger, sans retour, vos enfans
    malheureux ;
Présentés au Seigneur votre fruit pré-
    cieux,
Que votre sein fécond a formé sur la
    terre.
De la gloire des cieux son visage est
    paré.
Ah, qu'il est bien joli! qu'il ressem-
    ble à son Père!
*Vierge, l'enfant Jésus est un enfant
    doré.*

❧⟐❧

Ses cheveux sont mêlés d'argent
    fin, d'or potable ;
Ses beaux yeux sont plus clairs qu'un
    beau jour du Printems ;
Sa bouche est un corail, & son front
    agréable

Invite le pécheur & gronde les mé-
    chans.
Son cœur tendre & fenfible eft un
    cœur *paternel* (*).
Il eft né de bon lien. Votre fein
    maternel.
Autrefois l'allaïta du pur nectar des
    cieux ,
Ciel ! qu'il apprit à vivre en imitant
    fa Mère !
Des fes plus jeunes ans *Jéfus* fut
    adoré ,
Ah, peuple *!* répétons aux pieds du
    Sanctuaire :
*Vierge , l'enfant Jéfus eft un enfant
    doré.*

❧

    Ah defcendés des cieux, Princeffe
        fécourable !
Ecartés loin de nous les Démons mé-
    naçans ,
Auprès du Tout-puiffant foïés nous
    favorable ,
    (°) Licence poëtique.

Ecoutés les foupirs, les vœux de
   vos enfans :
Au trône de la gloire, où l'honneur
   vous appelle,
Le ciel va couronner cette vertu fi-
   delle,
Qui fit jadis pâlir les aftres radieux:
O Reine de nos cœurs! dans ces Au-
   guftes lieux,
Où le clergé Français récite fon bré-
   viàire,
Où votre Augufte nom eft toujours
   honoré,
Nous dirons tour à tour & cela fans
   nous taire :
Vierge, l'enfant Jéfus eft un enfant
   doré.

E N V O I.

A MONSEIGNEUR

CHRISTOPHE DE BEAUMONT.

VOus, qui dites la Meffe, ô Pré-
lat tonfuré !
Dont le nom à *Paris* dans l'Ifle eft
    révéré,
Célébrés avec nous ce glorieux mif-
    tère,
Et gravons fur l'airain & le papier
    timbré
Le refrein que le ciel vient de met-
    tre en lumiere,
Vierge, l'enfant Jéfus eft un enfant doré.
    Cette pièce fut très applaudie des
Capucins de *Quimpercorentin* & de la
Ban-lieue. Le *Gardien*, le *P. Vicai-
re*, vinrent complimenter Monfieur &
Madame *Duplat* fur la beauté de mon
génie. Hélas ! difaient ces Révérends
Pères, fi le Ciel nous donnait un fu-
jet avec un efprit *auffi terrible* que ce-
lui de Monfieur *Dupleffis*, notre or-

dre ferait illuftré. Ces Pères me priè-
rent de compofer des vers fur les ftig-
mates de *St. François*, en m'avertif-
fant de ne pas citer la broche de *St.
Dominique.* Madame *Duplat*, qui aimait
les *Capucins*, m'ordonna de rimer leur
Patron. Je fis cette chanfon fur l'air
des folies d'Efpagne.

Tremblés pécheurs & faites péni-
    tence
Du Ciel fàché défarmés le courroux ,
Et par vos pleurs évités la fentence
Que l'Eternel va porter contre vous.

Le vieux *Français* , tout farci de
    ftigmates
Offre pour vous des foupirs en ces
    lieux ,
Frappés , frappés fur vos poitrines
    plates ,
Crachés du fang en l'honneur du bon
    Dieu.

Et

Et vous fur tout , renaiffantes pucelles ,
Ne faites plus fécouer vos jupons ,
Songés toujours aux flâmes éternelles ,
Où le Seigneur réchauffe les Démons.

Un feul inftant peut vous ravir la
grace ,
Pour fe damner il ne faut qu'un
défir ,
Mettés , mettés votre cœur à la glace ,
Si vous fentés la flâme du plaifir.

Ces vers me firent une grande réputation dans toute la *Baffe-Bretagne.*
Les Chanoines , qui s'entretiennent
fouvent du *Portier des Chartreux* , de
Margot la Ravaudeufe , à caufe qu'on
ne peut pas toujours........ furent
éblouis de mon efprit. Un de ces

R

Messieurs, qui faisait la Cour à l'ainée des Demoiselles *Duplat*, vint me complimenter, assurer la famille que c'était un meurtre de laisser un joli garçon comme moi végéter dans la province : Monsieur *Duplessis* est fait pour la Cour, il faut l'envoïer à *Ver-sailles*, ou tout au moins à *Paris*; l'Abbé *Trublet* est vieux, l'Académie ne pourrait mieux le remplacer que que par Mr. *Duplessis* : l'Académie est comme les bons chevaux, *elle a bon pied, bon œil.*

Duplat, flatté de la pensée riante de voir son éléve Académicien, m'en-voïa à Paris avec une lettre de recom-mandation pour le *P. Hayer Recolet*; qui travaillait alors à son libelle, la *Religion vengée*, où il prenoit la dé-fense de ce qu'il n'entendait pas. Il assurait que le mistère de la *Trinité* était uni, comme la main, que la rai-son trouvait très possible que *trois ne fissent qu'un* : figurés-vous, écrivait-il, un triangle regulier, qui a trois côtés, & n'a qu'un côté ; ce triangle est poffible, puifque j'en ai l'idée; *erga* le miftère de la *Trinité* eft uni comme la main.

Mon ami le *P. Hayer* me gâta la tête; il me prouva par cent vingt deux propofitions que les hommes devaient être parfaits, comme le *Pere célefte* eft parfait. J'étais à l'age du *fanatifme*; je fus touché de ces cent vingt deux propofitions; tous les extrêmes & toutes les perfections vinrent fe préfenter en foule à mon imagination, les vuides de mon âme fe meublèrent fubitement des idées les meilleures poffibles de la perfection : c'en eft fait, m'écriai-je! je vais être parfait, comme le Père *célefte* eft parfait; ne nous amufons pas à imiter les gens raifonnables, ce font des machines à réflexions, à fentimens, le meilleur des hommes ne vaut rien, le plus fage eft celui, qui n'eft point méchant, fi l'on ne trouve dans cet univers rien de parfaitement rond, rien de parfaitement quarré, cherchons au ciel la perfection de la perfection.

Je suis étranger sur la terre, mon Roïaume n'est point de ce monde, la béatitude est destinée aux *pauvres d'esprit*, tachons d'être bienheureux. Les *Capucins* sont de bonnes gens, il ne faut guères plus d'esprit pour être *Capucin*, que pour porter des paquets à la messagerie : l'Enfer est l'héritage de la beauté, des riches du siècle, des gens d'esprit & de la bonne compagnie ; fuïons la bonne compagnie, & pour être parfait, comme le *Père céleste* est parfait, je quittai la bonne compagnie & je me fis *Capucin indigne*.

Je courrus chès les enfans de *St. François*. Un gros frère racoleur me reçût poliment & me dit : *Duplessis*, vos repas sont fondés à perpétuité sur les fonds inépuisables de l'imbécillité humaine ; moïenant que vous marchiés nuds pieds, vous sérés chaudement habillé, vous attirerés même la compassion de ceux, qui n'auront point d'habit : venés que je vous présente à notre *P. Gardien*, c'est un grand homme, il fait venir la vocation, comme le vinaigre fait venir l'eau à la bouche.

Le frère *Junipère* m'annonça à fon fupérieur. Ce. Père jugea bientôt que j'étais capable d'amener l'abondance au couvent, il me prêcha les agrémens de l'ordre féraphique : notre faint inftitut, me dit-il, eft inconteftablement le premier de l'églife ; Notre Dame de la *veritable Portioncule* l'a toujours confacré fous la main puiffante ; les forces de l'enfer ne prévaudront jamais fur lui ; la vierge affura *St. François* qu'aucun *Capucin* ne fera damné : voici les bonnes raifons de la St. Vierge.

De l'Aurore au Couchant, du Midi au Septentrion, la barbe eft ce qui diftingue un *Capucin* d'un *Récolet.* Faites attention à cette différence, mon cher enfant, le feu de l'Enfer, dont le nôtre n'eft qu'un ombre, eft fi vif, fi dévorant, qu'il brûle à deux miile pas les corps les plus durs ; ainfi, Mr. *Dupleffis*, dès qu'un *Capucin* defcend aux Enfers, l'activité de l'air

du feu lui confume fubitement la barbe & dans l'inftant le *Capucin* n'eft
plus qu'un *Récolet.* Vous voïés parfaitement bien, Mr. *Dupleffis,* l'a-
vantage qu'il y a d'être *Capucin* & que
la *St. Vierge* avait très raifon, quand
elle affurait au prédicateur des Lapins, qu'un *Capucin* ne pouvait être
damné.

Huit jours après mon entrée aux
Capucins, on me donna l'habit & les
noms de Frére *Mifac, Sidrac, Abde-
nago* de la perfection de *Quimpercorentin.* Qu'il ferait plaifant de peindre ici la Ste. attitude & l'élegance
de ma figure, revêtue du fale habit
de *François d'Affife!* imaginés-vous
un crâne tondu, qui fe perd dans
l'immenfité d'un vafte & profond ca-
puchon; deux bras enchaffés dans
deux efpèces de bottes molles; un
corps fanglé comme celui d'un âne,
ou d'un patient que l'on conduit
à la potence; enfin, figurés vous,
avec Mr. *Menage,* un vieux jetton,
dont on a rogné les lettres & où

l'on ne voit plus qu'une tête avec la barbe.

Mes veftiges ne durèrent pas long-tems, ma vocation était un feu de paille ; il s'éteignit. Les fingeries de *St. François* me déplûrent bientôt ; je vis que je n'étais point parfait, comme le *Père célefte*, pour porter le dégoutant habit d'un *Capucin*. Comme il me manquait cette plénitude de bêtife, fi néceffaire aux *Capucins*, je fis des réflexions. Je vis chès ces moines beaucoup de grimaces, beaucoup d'orgueil dans un fac lié de cordes, beaucoup de minuties dans une régle, où le fiftême très mal amalgamé avec la religion ne pouvait donner pour toute perfection que des Imbéciles, ou des Innocens. J'allai redemander mes habits féculiers.

Le *P. Maître* ne manqua point, felon la formule ordinaire des *Capucins*, d'attribuer au Diable l'ufage de mon peu de raifon ; quelles penfées damnables, avés-vous, me dit il, de quit-

R 4.

ter un habit (*) que le *bien heureux
Didace* a porté ? prétendés-vous raifonner avec la grace ? favés-vous que
la raifon eft un inftrument infernal,
qui détruit les plus faintes réflexions.

Je raifonnais encore dans ce tems-
là par hafard, il me reftait encore des
éclairs de fens commun ; je proteftai
au *P. Maître*, que la raifon était
l'ouvrage de Dieu, que le *Diable* &
les *Capucins* ne difpofaient point de
ce don célefte. Le *P. Maître* affura
toujours que c'était le Diable, & à
caufe du Diable, je fus contraint de
porter encore huit jours l'habit de
Capucin.

Dépouillé enfin des guenillons facrés

---

(1) Malgré la fainteté & les beautés,
que les *Capucins* trouvent dans leur habit,
je ne crois point qu'il foit fi agréable au
Seigneur : la preuve que Dieu n'aime pas
ce vêtement ridicule, c'eft que les *Capucins* font obligés de quitter leur faint habit
avant d'entrer au ciel. Imitons le bon
goût de Dieu le Père, ne fouffrons plus ces
mafcarades.

crés de *St. François*, l'efprit toujours gros des vertiges de la perfection ; contrifté de ne pas trouver celle du *Père célefte* dans le cloître, je m'imaginai de la chercher dans l'état du mariage. Le mariage, difais-je en moi-même, eft un Sacrément plus amufant que celui de l'extrême onction ; cet état eft le premier de l'homme, c'eft avec de la chair de ma chair & des os de mes os que je vais m'unir ; rien de plus parfait que la chair & les os bien unis. Je cherchai pendant trois mois après ma chair & mes os ; à chaque fille que je rencontrais, je m'imaginais toujours trouver mon bien ; je grillais de joindre les pièces enfemble. Je fis tant de reflexions pour faire un mariage parfait, que je trouvai le moïen du contraire. Je rencontrais de la chair, qui n'était pas la mienne & des os qui ne s'emboitaient pas avec les miens.

En cherchant une femme je tombai·

malade : une Sœur *du Pot* (*) nommée *Sœur Pacifique Percée*, prit soin de
moi. Le prëmier moment de ma
convalefcence fut confacré à lui parler de l'impreffion, que fes charmes
avaient fait fur mes fens.

La Sœur *Percée* était une fille con-
fite dans la dévotion ; fon cœur ouvert aux *cinq plaies* de notre Seigneur,
le rendait plus propre aux faibleffes
de l'amour. Ma Bergère était maigre, comme un *St. Jerôme*, blanche
comme *Notre Dame de Lorette*; fon
nez, un peu plus long que celui de
St. Charles Borromée, ne la déparait
pas, par ce que le proverbe dit qu'un
long nez ne dépare pas le vifage : le
proverbe a de l'efprit. Malgré tant
de charmes extérieurs, ma Bergère
Pacifique pouvait encore prier Dieu
pour fon embéliffement.

---

(1) Religieufes, ou efpèces de Cotil-
lons crottés qui portent à *Paris* du bouillon aux malades. Ces fœurs fe melent de
traîter les infirmes & leur ignorance fait un
tort confiderable à l'état.

A ces agrémens la Sœur *Percée* joignait des appas vraiment folides. Elle avait le bel efprit de *St. François d'Affife*; poffédait, comme fes cinq doigts, l'hiftoire ancienne & moderne des Revénans; celle de la belle *Géneviève*, Comteffe de *Brabant* & le très long cantique de *St. Alexis*; elle mariait à fes riches connaiffances, une très belle voix; elle chantait comme les âmes du *Purgátoire*. Un jour je m'émancipai auprès de la Sœur *Pacifique*, je gliffai la main fous fa petite guïmpe : Sœur *Percée* criait : *Finiffés donc Mifac Sidrac-Abdenago Dupleffis !* vous êtes un mauvais convalefcent ! eft ce que l'on chiffone les Sœurs *Du Pot ?* environné de ces *Finiffés donc*, j'allai mon train; je cherchai longtems fous la guïmpe, je ne trouvai rien de ce que les filles difent : *il y en a affés pour remplir la main d'un honnête homme*

Après quelques légères faveurs, que ma maîtreffe redoublait felon l'ufage des filles à l'approche du Sacrément, je l'époufai. Le jour de la nôce, *Pa-cifique* me parût enchantée. Elle a-vait deux grands pieds gênés dans des fouliers trop étroits, qui la fati-guaient avec grace ; un corps de jup-pe , trop ferré, l'embaraffait avec agrément ; un cotillon , qui voltigeait tantôt par ci, tantôt par là, par fon inconftance laiffait voir le vuide des vanités paffagères de ce monde : *va-nitas vanitatum & omnia vanitas.* Il n'y avait rien chès ma femme, qui ne fournit une reflexion morale ; fes ajuftemens étaient prèfqu'un fermon, mieux rangé que *les Difcours du P. Hayer & le journal chrétien.*

Notre mariage fut ftérile, le Ciel ne voulait point que fon ferviteur fit des enfans de chair ; il le deftinait à peupler le Ciel d'Etres plus dignes de fes regards ; c'était des enfans de la grace, que je devais engendrer & les engendrer furtout dans la grace de la *Société.*

Depuis mon mariage j'avais pris *St. Jofeph* pour mon pâtron ; le jour de fa fête, ma femme s'avifa de m'offrir un bouquet ; elle s'adreffa à un mauvais *Poëte chinois*, qui rimait comme il pouvait & *St. Jofeph*, le plus beau-fujet du monde, devint impertinent fous la plume de ce méchant Auteur. Voici la pièce,

BOUQUET

à mon Epoux Monfieur

DUPLESSIS.

N'imités point votre Patron,
Les Saints en tout ne font point imi-
tables ;
Jofeph *à coté de* Manon *,*
Paffait des nuits bien lamentables ;
Il n'ofait profiter des Droits ,
Que lui donnait le Mariage.
Vous par mille amoureux exploits
Montrés que vous êtes plus fage.

Dans ce malin couplet, mon époufe fe recommandait honnêtement ; les
femmes ont de l'adreffe à demander
les chofes. La mienne n'avait pas
tout-à-fait tort de fe plaindre, elle
paffait beaucoup de nuits féches. Le
P. Hayer m'avait prêché plufieurs fois
que l'homme n'était point dans ce
monde pour faire des enfans ; que fi
tous les hommes pouvaient être *Ré-
colets* & les femmes Sœurs *Du pot*,
cela ferait le meilleur monde poffible,
à caufe que le légiflateur des *Chrétiens*
avait dit qu'il fallait, pour être parfait, renoncer aux femmes, à l'odo-
rat, à l'ouïe, à tous les fens ; que
fon Père nous avait donné des femmes, des fens & de la raifon pour ne
pas nous en fervir, qu'il fallait être
comme des moutons & des rhinocéros.

Je fis la connaiffance de *Paillaffe*
de la foire *St. Germain*. Son jeu muët,
fon mafque heureux & fes geftes me
ravirent. Le germe de mes talens
théàtrals fe développa fous ce grand
homme. *Paillaffe* me prodiga fon ami-

tié ; c'eſt à ſes ſoins que je dois la réputation que je me ſuis acquiſe en *France.*

Nous nous engageâmes avec Madame *Dupleſſis* dans la troupe d'un charlatan. Nous débutâmes à *Nantes* par une tragédie intitulée : *l'Aſcenſion du P. Ignace.* Cette pièce attira une foule innombrable de peuples. L'opérateur avait fait conſtruire au fond du théâtre la gloire de l'éternité, au bas les Sept Cieux, ſavoir l'empiré, le premier, le ſecond, le criſtalin &c. ces Cieux étaient ſéparés par autant de dégrés couverts de nuages, au travers deſquels on voïait en lettres d'or le nom de chaque Ciel ; au celà de tous les cieux, Dieu le Père, la *Ste. Vierge* paraiſſaient dans leur gloire.

L'Opérateur repréſentait le Père éternel. Il avait une longue barbe blanche, une calotte rouge à oreillés, un véritable bon homme. Les Spectateurs convenaient unanimément qu'il avait parfaitement attrappé Dieu le Père. Ma femme était à ſon côté, elle figurait *Notre-Dame de Mont-ſer-*

rat; elle tenait dans ſes bras le petit enfant *Jeſus*. Cet enfant fut le ſujet de cent mauvaiſes plaiſanteries ; *dans leur fureur de medire, les mortels ne reſpectent point les Dieux*. Nous n'avions pas eu le tems de bâtir un enfant *Jeſus* un peu honnête , notre barbier nous avait prêté une tête à-perruque, dont nous avions fait un poupon ; on n'avait pas fait attention que la tête à perruque avait une barbe de bois. A la chandelle on decouvrit juſqu'au moindre poil , cela fìt rire les *Nantois* & ſurtout les gens lettrés du faubourg *St. Nicolas*. Ces ignorans avaient oublié , ſàns doute , que cet enfant était le Père des ſiècles.

Le Peintre n'ayant pû fournir des Chérubins pour les ſemer çà & là dans les champs azurés du Ciel ; pour y ſuppléer , nous plaçâmes derrière les nuages dix à douze poliſſons, dont on ne voyait que les têtes ; je les avais dreſſés de mon mieux au ſervice ; malgré mes inſtructions les drôles grimacèrent tout le tems de la repréſentation ; ce qui donna une mauvaiſe
idée

idée du Ciel , où les Anges n'ont pas jetté beau cotton.

Je fis le rôle de *P. Ignace* ; commé j'avais des connaiffances du jeu muet des entrailles & l'expreffion de la pantomime , j'arrivai en clochant fur le théâtre ; je tournai mes regards vers les Cieux : frappé de les voir ouverts , je me profternai aux pieds de *Leurs Excellences* ! Dieu le père & Notre Dame ; & je m'écriai : » ô
« l'ancien des jours ! ô père éternel !
« beauté toujours vieille & toujours
« nouvelle , je vous ai aimée trop
« tard ! c'eft votre puiffance , con-
« ftamment grande dans le Ciel & fur
« la terre , qui deftina de toute éter-
« nité à *Pampelune* un boulet de ca-
« non pour me caffer la jambe ; c'eft
« à cet heureux tube , que vous de-
« vés Vierge immaculée , les mouf-
« taches & le cœur du chevalier *Ini-*
« *go* . . . . rappellés-vous , ô ma
« Divine maîtreffe ! la veille délicieu-
» fe de mes armes , le zèle héroïque
» que je fis paraître à *Montferrat* ,
« lorfque je vous confacrai mon *poil*

» *espagnol* & ma longue rappiére ,
« parlés tous deux ; dites moi ce
« qu'il faut faire pour augmenter vo-
« tre gloire vous favés ma devife :
» *Ad MaJorem Dei gloriam & maximam*
« *utilitatem focietatis noftræ.*

Dieu le père , après un moment de reflexion , regarda la vierge , lui demanda fi j'avais la tête bien faine. Votre Chevalier, Madame, a l'air un peu extravagant , ce crâne n'eft pas le meilleur poffible ; Monfeigneur , répondit Notre Dame , je fais que le *P. Ignace* montre , chaque fois qu'il fait le *figne de la Croix* , où il a mal ; mais vous favés que mon fils a promis fon Royaume *aux pauvres d'efprit* , aux bancales & aux eftropiés ; *Inigo* eft boiteux & fou , vous voyés que de corps & d'efprit il eft digne du Ciel.

Le père éternel applaudit aux remontrances de *Marie* par un grand figne de tête ; & jettant un regard paternel fur moi , il me dit : *Ignace*, montés. Je montai le premier au Ciel, où je m'arrêtai par humilité , en de-

mandant à Dieu le père s'il était fatisfait de mon obéiffance. *Son Excellence* eut la bonté de crier: *plus
haut, Ignace*! Je montai le fecond
Ciel avec la même céremonie; &
Dieu le père criait toujours: *plus
haut, Ignace*! je grimpai ainfi les fept
cieux; quand je fus au dernier Ciel,
Son Excellence Dieu le père me donna un grand coup de pied dans le
ventre & me fit tomber, comme on
dit *les quatre fers en l'air* : la toile
tomba.

Cette piéce & le dénoument furtout fut très gouté, & nous fit vendre beaucoup d'orviètan; nous eû-
mes les bonnes pratiques des *janfe-
niftes* de *Nantes*. Les *jéfuites* n'ap-
plaudirent point à nos fuccés. Auffi
méchans que *Fréron*, ils animérent les
Magiftrats contre nous : nous fûmes
obligés de partir précipitamment, nous
vînmes à *Rennes* où dégouté des tra-
cafferies du *Cothurne*, nous donnâmes
une parade intitulée : le Couronne-
ment de *Nicolas* I. Roi du *Paragai* &
de *l'Aragai*.

Le théâtre repréſentait le camp des bénits Pères; à droite & à gauche on voyait des canons brâqués contre les *Eſpagnols* & les *Portugais*; dans le fond la tente du Général, ſoutenue par des trophées d'armes & des boucliers, où pendaient les effigies de *Jacques Clément*, *Ravaillac*, *Damiens* & *Malagrida*.

Je repréſentais *Sa Majeſté Paraguaiſe Nicolas I.* j'avais une couronne ſur la tête & une pièce de *bougran* roulée ſous le bras. Je parus ſur la ſcène, monté ſur un tonneau de verd de gris, porté par quatre *Paragouins*. Un chœur de ces peuples chantait cette vieille chanſon, connue dans le beau monde.

> *Le Roi* Nicolas
> *Avait du* bougran *ſous le bras,*
> *De ſon trône il trebucha;*
> *Voilà le* bougran *bas!*
> *Voilà le* bougran *bas!*
> Un chœur de filles répétait, *voilà le* bougran *bas! voilà le* bougran *bas!*

Les quatre *Paragouins* terminèrent la pantomime en me jettant en l'air. En retombant je me caffai le nez.

Ce genre de pièce ne me plût pas. J'étais comme *Arléquin*, je portais toujours les coups. Nous allâmes au Sacre d'*Angers*. Cette ville a toujours aimé les divertiffemens des miftères. Nous jouâmes la tragédie *de la Paf-fion*. Quoique le fujet de cette piéce foit tirée d'une vieille hiftoire, il plait encore à *Angers*.

Madame *Dupleffis* fit le perfonnage de *Jefus* : elle enleva d'abord les fuf-frages. Malheureufement ma femme ne favait pas fon rôle ; elle refta court à ces paroles du fils de *Marie* : *j'ai foif.* Madame *Jefus*, dites donc, *j'ai foif. Pacifique* diftraite ne l'entendit point ; mais fe rappellant mieux le fens que les paroles, dit : *je boirai bien un coup.* Cette bévue fit rire les fpeftateurs attendris du récit *de la Paffion.*

Ma femme aidait l'opérateur dans le panfement des malades qui ofaient s'expofer à fon empirifme. Je m'ap-

perçûs de certaines intelligences, elles pouvaient dévenir dangéreuses
pour mon front ; je rompis avec le
charlatan. Je retournai à *Paris*, où
mon ami *Palliasse*, informé de mes
succés, me conseilla d'aller à la *Martinique*. Il y a béaucoup de *Nègres*
dans cetté Isle, me dit-il ; les *Jésuites*, les *Jacobins* & d'autres bons ec-
clesiastiques les maltraîtent cruëlle-
ment pour avoir du sucre. Allés leur
vendre du baûme pour les meurtrissu-
res, ces pauvres gens en ont besoin,
vous ferés de l'or avec les meurtris-
sures des *Nègres* & les bras des *Jacobins*. Je connaissais les lumières de
mon ami ; je trouvai le conseil admirable.

Je m'embarquai avec mon épouse
pour la *Martinique*. Nous étions en
mer depuis trois semaines, lorsqu'il
s'éléva une tempête cruëlle. Les ma-
telots, qui juraient depuis trois heures pour se délasser, commençaient
déjà à prier le Ciel. Le Capitaine,
après s'être voué mille fois à tous les
Diables, de désespoir se vouaient à tous

les Saints. Il vint nous dire de penfer au Ciel, que nous allions périr. C'eft l'ufage des *fidèles Chrétiens* de penfer à Dieu, quand ils font en danger & de l'oublier quand ils n'en ont plus befoin.

J'étais près de Madame *Dupleffis* quand on nous annonça cette défaftreufe nouvelle. Je lui dis : ma chére *Pacifique*, il faut nous féparer & donner au moins les derniers momens de la vie à la *Ste. Vierge*, & à *Ste. Barbe*, pâtronne de la confeffion (*), J'embraffai ma femme, je la laiffai à la miféricorde du *St. Prépuce*.

————————————

(1) Sainte imaginaire ; on la fait patronne de la confeffion, à caufe que le Sacrement de pénitence a été créé neuf cent ans après fa mort ; on la repréfente comme la Déeffe *Cybèle* avec une tour, à caufe que les premiers confeffionnaux étaient bâtis comme des tours, ou des guérittes. Les ignorans font mal d'expofer *Ste. Barbe* à la vénération des peuples ; les ignorans aiment les menfonges, parce qu'ils vivent de nos menfonges & de notre ftupidité.

Le vaisseau donna contre un banc de sable, il s'ouvrit ; une planche heureusement me sauva la vie. Me voyant seul sur les flots agités, je crus ma femme & l'équipage ensévelis dans les eaux. Après avoir été deux jours le jouèt de l'onde, je fus recueilli par un navire, qui cinglait vers *la Rochelle*, où je debarquai.

La mort de *Pacifique*, l'horreur du naufrage tournèrent mes idées vers le Ciel. Je revins à *Paris*, j'allai voir le *P. Hayer*, il me parla encore de son sistême de la perfection : console-toi, mon ami, me dit-il, la perte de ta femme est un secrêt jugement de Dieu ; occupe-toi, sans cesse, de la perfection ; laisse les enfans de *Babylonne* & de *Paris* ; va fortifier ton cœur d'un triple mûr d'airain ; deviens dur à toi-même, pour être tendre au Ciel ; méprise, injurie, calomnie les hommes, pour te détacher plutôt des hommes ; c'est par le mépris de tes semblables, des philosophes & de ce monde, qu'on marche à pas de géant dans le chemin de la perfection. Le monde n'eſt qu'un paſſage ; je ſais qu'un ſage te dirait qu'on peut cueillir quelques roſes ſur ce paſſage ; puiſque la nature a mis des fleurs ſur notre paſſage , n'écoute point les ſages , ne ſonge pas aux fleurs : pour être parfait, il faut fouler les fleurs aux pieds , ſortir de ce monde ſans avoir rendu aucun ſervice à l'humanité.

Pour ne plus équivoquer ſur l'état qui devait me rendre parfait comme le Père céleſte , je fis pendant trois mois des réflexions ſur toutes les conditions de la vie. L'humble ſervice d'un Domeſtique parût convenable à mon ſiſtême : c'en eſt fait , m'écriai-je , je tiens la perfection de la perfection. Le *Chrétien* n'eſt pas venu en ce monde pour commander , mais pour ſervir & pour obéir ; c'eſt dans l'anéantiſſement qu'il poſe le premier fondement de ſa gloire ; l'humilité , qui couronne les autres vertus , ſera déformais la mienne , allons porter la livrée.

J'allai me préfenter chés un vieux magiftrat, qui depuis vingt ans dans un cul de fac du *Marais*, n'avait pour compagnie que fon avarice & fes é-cus. Son dur fervice convenait particulièrement à mon projet de perfection ; & le Ciel, fans doute, allait agrèer mon fervice, fi en me vêtant de la vieille livrée du fénateur, je n'avais conçu des fentimens d'orgueil, qui m'écartèrent encore de la perfection, où je voulais atteindre.

La livrée du Magiftrat avait précédemment endimanché Soixante & treize Domeftiques (*). Cette cafaque, dont l'hiftoire génèalogique fe trouve dans la bibliothèque du Roi, était alors un habit verd ; qui avait été autrefois autre chofe. » El-
» le fortait en droite ligne d'une
» couverture de mulêt, qui était fil-
„ le d'un tour de lit. Les culottes,
„ engendrées de trois chaifes-percées
„ de drap verd. La vefte était fille

____

.(1) Le magiftrat avait plus fouvent changé de domeftiques que de chemifes.

,, d'une courte-pointe issue d'un ta-
,, pis de billard". Cette veste, qui
touchait aux derniers momens de son
existence, qui allait être convertie en
semèles de bas, prouvait bien que
tout est poussière & que tout retour-
ne en poussière; *pulvis es & in pulve-
rem reverteris.*

Au moment que j'endossai cette ca-
duque livrée, l'amour-propre s'éveil-
la dans mon âme; ce séducteur dangereux effaça tout à coup les senti-
mens que l'humilité y avait fait naître. La dureté du vieux Robin, le
fardeau du travail, la nécessité d'être
à la fois l'Intendant, le Secrétaire, le
Valet de Chambre, le Maître d'Hô-
tel, le Cuisinier, le Marmiton, le
Portier & le Maître Jacques de la
maison, achevèrent de me dégouter
du service. Le pain qu'on pesait, le
calendrier du vieux sénateur rempli de
Jeûnes & de quatre temps me firent
quitter cet état.

Ce fut dans cet instant que la perfection vint elle-même me trouver;
elle se servit de l'organe de mon ami

Paillasse ; cet homme intelligent me dit : vos talens théâtrales, *Dupleßis*, doivent tourner vos idées vers une favante troupe de comédiens, qui ont toujours excellé dans l'art de *Thalie* ; c'eft affurément chés les *Jéfuites* ; où vous trouverés la perfection de la perfection ; votre génie, vraîment comique, eft capable d'illuftrer le chandelier de .la fociété. *Candelabrum focietatis Jefus.*

Je me préfentai aux *Jéfuites* de *Paris.* Ces Pères éclairés virent que j'avais des talens propres à gagner la canaille. La lecture de la Vie du Chevalier de la *Vierge*, les menfonges de *Rodrigués* portèrent dans mon âme l'ardeur de me fingularifer. Les grands talens, difais-je en moi même, illuftrent les hommes ; la nature me les a refufés, il faut que je me rende fameux comme *Caraccioli* (*) en débitant comiquement les petites cho-

______

(1) Auteur très médiocre, qui a la fureur de nous apprendre ce que nous favons.

fes, qu'il écrit fi mal. Je n'ai d'autre génie que celui des chaudronniers,
ils font du bruit dans le monde, faifons du bruit.

Je fis mon cours d'études au Noviciat. Mes premiers fuccès fur les
bancs fûrent diftingués. Invulnéra-
ble comme un *Irlandois*, j'étais au
milieu des *Darii* & des *Bomalipton* fans
être épouvanté. Je foulais d'un pied
victorieux les *Locke*, les *Bayle*, les
Montaigne, les *Collins*, les *Montef-
quieu* & les *Jean-Jacques*; à trente
cinq ans, je connaiffais toutes les fi-
neffes du *Barbara celarent*, les gentil-
leffes du *Baroco* & les agrémens uni-
verfels du *Feftino* & du *Frififfo morum*.
Enfin couvert de la fucur des *Capucins*, des pavots affoupiffants du ménage & des lambeaux de la livrée, je
montai fur les bancs théologiques;
c'eft là qu'on vit des prodiges d'érudition; ce fût là que je foutins quatre vingt onze thèfes fur le fabre de
Judith, le couteau de *Jephté*, les cifeaux de *Dalila*, le poignard de *Joada*; le clou de *Sifara*, la hache de

Samuël, le fabre d'*Abraham*, l'épée des enfans de *Jacob*, la lettre de cachet de *David* pour *Ury*, le ftilet de *Ravaillac*, le Canif de *Damiens*, la *Ste. Écriture* de *Bufembaum* & le *P. la Croix*.

La mauvaife Campagnie de *Jéfus* m'honora de fes fuffrages. Le jour de mon triomphe, les *Druides* de la fociété s'affemblerent ; un vieux *Rabbin* du quatrième vœu, me dit à haute voix : approchés *Mifac Sidrac-Abdenago-Dupleffis*, venés recevoir la couronne de la perfection ; voici la croix & le canon de la Meffe de la chapelle de Mr. *de Beaumont;* défendés-vous de ces deux armes, comme dit le fameux *Gui-Patin*, contre les perfonnes qui voudroient raifonner; l'encens de la fociété fume autour de vous, la perfection defcend du Ciel; & dès ce moment dévenés parfait; comme le Père celefte eft parfait, *per omnia fæcula fæculorum*, *Amen*.

Tout brûlant des feux de la perfection, je grimpai fur le cheval du *fanatifme* : le mors dans les dents &

le miroir de l'amour-propre à la main, j'allai dans les campagnes faire le catéchifme. Je commençai par m'emparer de l'efprit des enfans & des fots, en les intimidant avec le Diable. Je m'étais apperçu que cette vieille machine était la plus propre pour réuffir dans la direction, & gagner à Dieu les gens, qui ont peur du Diable. Je peignis cet animal avec une chauffure à faire trembler, une coëffure comme on n'en voudrait point avoir, & le tout verni du plus beau noir du monde. Les Diables dans les Sermons font continuëllement des miracles, touchent plus les cœurs des pénitens & opèrent plus de bien que le Ciel même. J'imprimais fortement le portrait du Diable fur l'imagination tendre des enfans; il prenait comme un cachet fur la cire molle, quelquefois je les menaçais de leur montrer le Diable à nud : le voilà, m'écriaisje, il vient vous prendre; les enfans fuïaient dans les coins les plus retirés de l'Eglife, en criant : *P. Dupleffis* ne nous montrés pas le Diable ! ce

fut par ces innocens que je commençai ma carrière apostolique.

En prêchant dans les Villages, je
prenais le ton convenable pour capti-
ver les païsans. Je ne m'avisais point
d'annoncer la bienfaisance de Dieu,
de peindre son essence par ces senti-
mens tendres, qui portent seuls les
hommes à l'aimer ; je pris le contre-
poid, je criai en chaire : ah malheureux, tremblés ! tremblés ! vos grains
sont encore sur la terre, vos vignes
vous annoncent une bonne vendange, vos troupeaux ont multipliés,
vos granges sont pleines ; c'en est
fait, tout va périr ! vos crimes ont
provoqué la justice divine, je vois
l'orage accourir, j'entens gronder le
tonnère, la grêle tombe sur vos vignes, les vents furieux renversent
vos moissons, la foudre met le feu
dans vos granges, consume vos fruits
& vos bestiaux, tout est perdu ! tout
est perdu !

Les païsans, qui craignent plus
pour leur moisson, leur vendange,
leurs vâches, que pous eux-mêmes,
di-

difaient entr'eux : ce prètre à terri-
blement de *la loquence*! Dame, fi le
tonnère tombiont chex nous, je ferions ruïnés à plate couture! c'eſt
bien une chofe tracaffière que ce tonnère, ça vous..... ce Père en fa-
viont long! un *Jéſuite* étudiont beaucoup dans les livres, il favont le tems
comme un armaha..... prenons garde à nous, je n'irons plus au cabarèt.
Le païfan eſt dévot avant la recolte.
Tant que les bleds font fur la terre,
il fait des vœux ; la moiffon eſt-elle
faite, il ne penſe plus à rien, il remet fes inquiétudes à l'année pro-
chaine. Le païfan a de la raiſon.

Je prêchai *à Paris* ; les femmes des
Halles, les crieufes de vieux chapeaux, les gens du port au bled & les
favoyards étaient ravis de mes fer-
mons. Notre Père Provincial, voyant
que cette ville était un théâtre trop
gliffant pour moi, me renvoïa en
Province : les converfions que j'y fai-
fais étaient fingulières ; la plûpart de
mes convertis retournaient quelques

jours après à leur vomiſſement. Jamais je n'eus l'intelligence de diſtinguer une chaleur de dévotion , d'une converſion ſincère ; que le public s'en prenne aux Dieux !

Pourquoi m'avaient-ils fait ſi bête ?

Pour donner du crédit à mes miſſions , un certain honneur à la ſociété , il fallait faire exécuter un miracle à la plus grande gloire de notre ordre. Notre Général conſulta la carte pour connaître le Païs le plus propre à cette opération. Il trouvait aſſés d'aiſance à l'exécuter au *Marais* , ou dans le faubourg *St. Marceau* ; mais il craignait les recherches des ſavans de *Paris*. On détermina quelque tems la ville de *Beaume* ; après beaucoup de conférences ſur ce ſujet, on ne trouva pas de ſol plus propre à le faire éclore que le *païs d'Artois*. On choiſit *Arras* pour le lieu de la Scène ; les Arteſiens ſont bons croyans & fort arrêtés ; l'entêtement eſt

l'appanage brillant de ces Peuples;
quand ils croient une chose arrivée,
ils ne finissent pas de la croire.

Le Préfèt de la Congregation d'*Arras* me fit le tableau des habitans de
cette ville; tous les bourgeois, me
dit-il, nous font voués; donnés généreusement l'absolution à tous les
ivrognes, auraient-ils cinquante années de cabaret; ne vous arrêtés pas
à cette misère, ils diront du bien de
vous, & le jour même que vous leur
prostituerés le bénéfice de la pénitence, ils iront se soûler en l'honneur de votre absolution. Un Prêtre, qui la refuse pour de bonnes
raisons, passe pour un *Janséniste*;
n'allés pas aussi donner un ridicule à
la Société, en trouvant mauvais qu'un
Chanoine couche avec sa Gouvernante; nous avons besoin de ménager
le Chapître.

Il y a longtems, dis-je, au P.
Préfet, que je connais l'indécence
de profaner la glace; cela ne me
coute rien, je donne l'absolution à
tout hazard: il suffit, pour la réputa-

tion de la Compagnie, que je faſſe impreſſion dans mes miſſions. Le peuple croit avoir fait des merveilles quand il a ſurpris une abſolution. Dans une demi-heure je convertis un homme empâté dans les mauvaiſes habitudes ; & ſans toucher au fond vicieux de ſon cœur, je tranquiliſe ſon eſprit. L'embarras entre nous eſt de faire un miracle, il faudroit pour le bien de la choſe, l'exécuter le jour de la plantation du Calvaire.

Répoſés vous ſur mes ſoins, répondit le Préfèt ; nous avons une certaine fille, nommée *Eliſabèth le Grand*, je la prépare à ce deſſein ; elle ſe prêtera au miracle. Elle a une jambe un peu nouée & l'eſprit bien davantage. L'an dernier dans la canicule ſa jambe s'eſt un peu allongée. Les Médecins nous racontent de pareils prodiges, arrivés naturellement ; je diſpoſerai la malade dès le commencement des chaleurs, & je crois que le phénomene arrivera en ſaiſon.

Je trouvai les moïens miraculeux

du P. Préfet immancables. Il prépa-
ra, avec notre Frère Apoticaire, la
Jambe miraculeuse, la ranima par des
Aromates & d'autres simples excellentes. Le jour de l'exécution on amena
Elifabeth au pied du *Calvaire*. Son
imagination, frappée de l'efpoir d'u-
ne prompte guérifon, l'anima; elle
fe leva tout à coup, crie *au Miracle.*
Arras, rempli de gens organifés pour
être temoins d'un miracle, retentit
auffitôt de celui-ci; les Prêtres les
Moines, les Ciriers, les Orfèvres, les
Taille-douciers, les Marchands de
Chapelets crièrent tous *au Miracle.*

L'odeur de ma réputation embau-
ma les Païs-bas; on fit des images du
Calvaire, on vendit mes portraits.
Je fus flatté de me voir collé fur une
eftampe par tout où j'allais en miffion; j'étais fuivi d'une foire de chapelets, de croix & de mes mignatu-
res. Les vrais Dévots & les perfonnes humbles étaient fcandalifées qu'un
homme, qui fe donnait la réputation
d'un Saint & du don des miracles,

laiffat vendre fes portraits dans fes miffions ; ils ne pouvaient accorder cet orgueil avec l'humilité Chrétienne. Ils ne connaiffaient pas, fans doute, l'humilité de la Société ?

Je parcourus les Provinces, j'écoutai des milliers de confeffions, je ne convertiffais perfonne. Les filles m'ont embaraffé par tout. L'ufage, qu'elles ont de céler leurs faibleffes, la crainte, la pudeur qui les troublent, donnent de la peine à un Directeur pour arracher leur fecret. Une fille, qui s'accufe que fon amant lui occafionne de mauvaifes penfées, annonce toujours par ce début modefte quelques faibleffes pommées, qu'elle couve dans fon cœur, comme l'oignon fous la cendre.

Cette fille en refterait-là, fi le Confeffeur n'allait fouiller lui-même dans le fond de fon âme. Voici ma pratique avec ces fortes de pénitentes : vous êtes-vous toujours tenue vis-à-vis de votre amant dans la modeftie, fi recommandée à votre fexe?

oui, mon Révérend Pere : cela eſt bien ; mais votre amant n'a t'il pas pris quelquefois la liberté de vous embraſſer ? oui : un embraſſement honnête le jour de l'an, le jour d'une fête n'eſt pas un crîme : hélas ! il m'embraſſait à chaque inſtant : je luï rendois ſes baiſers avec la même vivacité. Comme les hommes ſont entreprenans, tracaſſent volontiers les filles, votre amant, trop téméraire, n'a t'il pas voulu paſſer la main ſous votre reſpectueuſe ? ces gens-là n'ont guères de reſpect pour les reſpectueuſes ; comme elle biaiſait à répondre, je la ranimais en lui diſant : courage, ma chère Sœur, ne balancés point de vous déclarer au Seigneur, je ne ſuis ici que ſon Miniſtre, un homme, un pécheur capable des faibleſſes dont vous vous accuſés. Elle reprenait courage, m'avouait que ſon amant avait touché cent fois ſa gorge, la baiſait à chaque inſtant & que ſes baiſers portaient un feu ſubtil dans ſon âme.

T 4

N'avés-vous plus rien, qui vous faffe de la peine ? non, mon Père, là examinés-vous un peu, voïés dans les replis de votre confcience, ne célés rien au Seigneur, il voit dans les cœurs, il fonde les reins : non, mon Père, je n'ai plus rien qui m'inquiète. Je fuis perfuadé, ma chere Sœur, que vous n'avés plus rien à dire ; mais votre amant eft peut-être plus coupable que vous ? ils font fi terribles ces amans ! dites moi, dans le tems qu'il baifait votre fein, ne vous aurait-il pas pris la main ? & la portant avec violence fur lui, ne vous aurait il point contraint de..... non, mon Père, je ne fuis point une fille capable de ..... je ne dis point, ma chère, que ce foit vous, Dieu m'en garde ! mais votre amoureux...... ces gens-là font de fi grands pecheurs..... croïés moi, ne l'excufés point, vous vous rendriés, devant Dieu, coupable de fon crime..... là avoués franchement, ne vous a t'il pas pris la main malgré vous &

ne l'a t'il pas portée..... mon Dieu!
mon Père.... cela me fait de la
peine ..... cela pesait dans mon
cœur...... je suis honteuse....
oui ..... mon Père ..... ces attouchemens vous faisaient-ils plaisir ?
Dans le commencement, je ne voulais pas, je cachais les yeux avec les
mains : mais n'ouvriés-vous pas aussi
quelquefois les doigts pour voir au
travers ? hélas, oui ! on est curieuse ;
on pense si souvent à cela, on ne se
marie que pour ça. Nous avancions
chemin, je voyais le rivage.

Cette fille, troublée & confuse, ne
parlait plus ; je la ranimai encore en
lui disant, ma chère Sœur, le Seigneur est bon, il pardonne à la fai-
blesse des hommes, l'argile est faite
pour s'ébrécher quelquefois, montrés
votre cœur à nud, s'il est noirci de
crîmes, Dieu le rendra blanc comme
la neige, il aime à pardonner septan-
te sept fois, sept fois & davantage à
ceux, qui font l'aveu sincère de leurs
fautes. Votre Amant, dans ces mo-

mens paffionnés, ne voulait-il point
paffer la main fous vos juppes pour
vous prendre plus extraordinairement
votre gorge? car il y a des libertins,
qui ont des fantaifies & de l'imagination ..... le rouge montait au vifage
de cette fille & l'inftant d'après re-
prenant courage, elle me dit d'un
ton ferme : mon Révérend Père,
pour qui me prenés-vous? je fuis in-
capable de fouffrir de pareilles libertés. Ah, ma chère fœur ! je fuis perfuadé que vous êtes très fage ; mais
fi la crainte, ou la honte vous empê-
chaient de déclarer la vérité, vous
feriés un facrilège; cette confeffion,
qui doit vous reconcilier avec la
grace, fera le fceau de votre re-
probation, tremblés! l'Enfer eft ouvert fous vos pieds, fi vous célés
le moindre crîme.

Cette fille intimidée pleurait, non
point de la douleur de fes fautes,
mais de dépit, de honte d'avouer fes
faibleffes; enfin elle me dit : dois je
déclarer une chofe, qui coute tant à

mon cœur ? eh bien, oui . . . . . j'ai fait . . . . je l'encourageais, elle fuait à groffes gouttes. C'eft un travail pénible pour les filles que la con-feflion.

Ces préludes annonçaient un dé-nouement, c'eft ce qu'il fallait arra-cher. Je continuai l'interrogatoire : dans les libertés, que votre amant prenaient, ne vous feriés-vous pas unis . . . . . trop approchés . . . . . confon-dus . . . . . enfin charnellement . . . . . comment, mon Père, me dit-elle en colère, fuis-je capable de faire un enfant, me déshonorer, je fuis d'u-ne famille trop refpectable, je vous pric de ne point avoir ces mauvaifes idées. Mais, ma chère Sœur, ne vous fachés pas, je fuis, comme je vous l'ai déjà dit, très convaincu de votre fageffe, de l'éducation & des bons exemples que vos parens vous ont donnés, je penfe que ces avanta-ges vous auront garanti de cette ex-trêmité ; ce n'eft pas à vous que j'en veux, non affurément vous êtes trop

fage ; c'eft à ces vilains hommes, je
les connais mieux que vous ; ils font
fi affreux, fi déteftables, ils refpectent fi peu la fageffe d'une fille, l'honneur d'une famille, hélas ! pour peu
qu'on leur accorde la moindre faveur, ils vont fi loin, ils font fi téméraires ! Eh bien, mon Pere, je n'ai
rien à me reprocher.

Voyant cette fille obftinée à me cacher fon crîme, j'élevai la voix, je
lui dis d'un ton effrayant : le feigneur
eft bon, il ne permettra pas que la
démarche que vous faites aujourd'hui
foit ftérile : je vous conjure par le
fang précieux qu'il a verfé, par cette
croix, où il eft mort, de me dire
la vérité, ou je vous avertis de fa
part que vous ferés damnée, que
la mort vous furprendra dans le péché, pour être à jamais la malheu-
reufe victime de fes vengeances éternelles.

Ces mots, prononcés avec force,
l'ébranlèrent : ah ! mon Père, s'écria
t'elle, que je fuis une grande pécha-

reſſe ! j'ai fait avec mon amant . . . . . .
je n'ai . . . . . combien de fois à peu
près ? depuis dix huit mois, chaque
fois que nous ſommes ſeuls. Je lui
demandai ſi elle n'avait plus rien,
qui inquiétait ſa conſcience ; le ton
correct avec lequel elle repondait
qu'elle n'avait plus rien, qui bleſſait ſon
âme, m'aſſurait de ſa ſincérité. Voilà l'embarras, que nous avons avec
les filles, il faut leur arracher ce
qu'elles ont dans l'âme avec des cro-
chets : lorſqu'elles ſont femmes & fa-
miliariſées avec leur état, elles ſe dé-
clarent un peu plus ſincèrement,
mais toujours avec ces détours ſi naturels au ſexe.

Un païſan s'addreſſa un jour à moi
pour ſe confeſſer ; au début il me
dit : mon Père, je n'ai rien fait : je
lui demandai pourquoi il venait à
confeſſe, s'il n'avoit rien fait ? mon
Révérend, c'eſt notre ménagère qui
m'a dit qu'il falliont aller à confeſſe.
Ne ſavés-vous pas, mon ami, quant
vous avés beſoin de vous reconcilier

avec Dieu ? je ne nous mêlons pas de ça ; c'eſt une affaire de ménage , note femme avions ſoin de nous avertir à *Paques* ; elle nous diſions tout juſtement le jour qu'il falliont y aller ; j'avons , ſauf votre reſpect , nos bêtes à ſoigner , nos terres à labourer , je ne penſions pas quand les *Pâques* arrivions , je ne ſavons bien lire dans les armonats. Je demandai à cet homme s'il ſavait ſon *Pater* en latin & en françois ? je ne ſavons ni l'un ni l'autre , je n'avons pas étudié dans les livres , ni dans le latin. Comment , mon ami , vous ne ſavés pas votre *Pater* ? ſi je le ſavons : mais je ne le ſavons pas en latin. Il recita cependant ſon *Pater* en Latin & en Français & ne ſavait dans quelle langue il le diſait.

Pour connaître ſi le païſan entendait le ſens de la prière , je lui dis de m'expliquer ſon *notre Père* ; il le fit avec autant de bon ſens que *M. Nicole.* *Notre Père* , me dit-il , c'eſt le bon Dieu , les hommes ſont ſes en-

fans , c'eft pourquoi je l'appelons notre Père ; *Dans les cieux* , cela veut
dire qu'il eft là haut & le maître
chez lui. *Votre nom foit fanctifié* ,
ceci eft drôle & voici comme je comprenons ça ; par exemple je ne pouvons pas fanctifier le bon Dieu , mais
cela vouliont dire que je devions l'aimer ; les *Turcs* deviont auffi l'aimer ,
le Roi de *Pruffe* , qui nous failiont la
guerre , deviont auffi l'aimer. *Que
votre régne nous arrive* : fon régne eft
le règne des hommes vrais , les man-
teux ne font point de fon royaume;
c'eft - à - dire que je demandons le
royaume de la vérité , parceque c'é-
tiont le royaume du bon Dieu. *Que
votre volonté foit faite*; j'entendons ça
comme le bon Dieu l'entendont , il
pouviont femer , planter comme il
voulont , à nous de tout voir & ne
rian dire ; allons toujours notre train
comme les charettes , le bon Dieu ,
malgré nous , iront toujours à fa mode ; j'aurions biau nous marteler la
carvelle , je ne ferions pas changer

d'un fetu la volonté de Dieu ; laiffons couler l'iau & faifons comme les
bœufs, qui fe laiffont tuër par le
boucher. *Donnés-nous aujourd'hui no-*
tre pain quotidien ; je ne fommes pas
entreux nous trop contans du pain
quotidien, j'ons beaucoup de mal, il
nous coutiont bian des fueurs pour
en attraper un petit ; note curé, qui
ne chantiont qu'une meffe le Dimanche, ne faifiont rian de fes deux bras,
aviont un pain quotidien meilleur que
le nôte. Le bon Dieu feriont-il
comme les Boulangers, qui faifiont
du pain blanc, du pain noir ? je croi-
rions ça volontiers quand je voyons
du pain plus blanc que le note. Cependant quand je raifonnons dans
note entendement, je comprenons
que le bon Dieu a fait la terre &
qu'il aviont dit ; *attrape qui peut ,*
voilà pourquoi le pain quotidien n'é-
tions pas bian arrangé. *Pardonnés-*
nous nos offenfes comme nous pardon-
nons &c. J'aimions ça, Dame voilà
qui étiont bian imaginé ! ça vouliont
dire

dire de suite, que je devions pardonner aux autres, autrement le
bon Dieu ne nous pardonneriont
pas itou à nous-mêmes, & voir il
auriont raison, ça est nette comme une parle. *Ne nous induisés
point en tentation* ; j'ons sur ce mot
bian des choses qui nous tracaf-
fiont ; comme je croyons le bon
Dieu bon, je ne croyons pas qui
nous induisiont en tentation, je pen-
siont que c'est une faute que le
Pape aviont mis dans le *Pater*.
Mon ami, ce n'est pas le *Pape*,
qui a fait le *Pater*, cette prière
est de l'*Ecriture Sainte*. Qu'est-
ce, mon Révérend Père, que l'*E-
criture Sainte* ? c'est la parole de Dieu :
je nous en doutions, j'ons fait demander par notre femme L'*Ecriture
Sainte* au Curé, il lui aviont dit :
Margot, *l'Ecriture - Sainte* te gâte-
riont l'esprit : je sommes surpris
pourquoi le bon Dieu aviont fait
quelque chose qui nous gâtiont l'esprit. Ce n'est pas cela, mon bon
hom-
V

homme , c'eft qu'il y a trois ou quatre fens dans l'*Ecriture*. (*)..... Eft-ce qu'il falliont quatre cent pour nous faire entendre les chofes ? c'étiont plûtôt pour les brouiller , comme les Procureux , qui entendiont une chofe comme ça & la même chofe comme ça : allés , mon Père , le bon Dieu parliont mieux que les hommes , je fommes fûr que je l'entendrions , je ne chercherions point de fineffe dans *l'Ecriture*, comme en cherchiont les Docteux, qui vétilliont fur des rians . . . . . je nous méfions un petit peu de ce que

---

(1) Dieu ne s'eft point fervi de deux termes, ni de deux fens pour fignifier une même chofe ; s'il a parlé aux hommes, la vérité a du fortir de fa bouche avec la même fimplicité, dit un *Anglais*, qu'elle avait été conçue dans fon efprit ; pourquoi donc chercher des fens miftiques, allegoriques &c. ? Si l'on ne peut expliquer l'*Écriture* que par des tournures, des fens différens, elle n'eft plus la parole de Dieu. la vérité aurait elle, comme l'*Alcoran*, befoin d'interprètes?

le Pasteux n'aviont pas voulu donner l'*Ecriture* à *Margot*, c'est très
mal, si ça veniont du bon Dieu, de
nous le cacher ; c'est apparamment
qu'on n'étiont pas sûr que ça veniont
de lui ?

Après un moment de réflexion, le
païsan me dit : mais à propos, note
Révérend, de queux couleur ça
étiont l'*Ecriture Sainte* ? ça étiont il
clair comme le soleil & blanc comme
lui ? non l'*Ecriture Sainte* est un livre, qui contient la parole de Dieu,
un livre que Dieu a fait pour.....
comment le bon Dieu faisiont aussi
des livres comme les ignorans, qui
en ont besoin pour devenir plus
habiles ? le bon Dieu n'auriont-il pas
mieux fait de faire que sa volonté al-
liont dans note Cœur, comme note
Moulin qui tourniont, quand le meu-
nier aviont de l'iau ? excusé, mon
Révérend, si je n'avions point assés d'esprit pour nous faire entendre, mais je ne nous comprenons pas
moins.

V 2

J'examinai la confcience de cet homme ; ne vous êtes-vous point éni- vré, lui dis-je, en allant au marché ? j'avons trop de marmots pour aller au Cabarèt ; quand je buvons chopi- ne, je trinquons avec la ménagère. N'avés-vous pas bâtu votre femme ? je n'avons garde, je ne fommes pas mariés pour nous battre, je nous fommes unis enfemble, parceque nous nous aimions & quand on s'ai- miont bian en s'uniffant, on ne fe battiont jamais. N'avés-vous pas dé- firé la femme de votre voifin ? j'en avons affez, grace à Dieu, de la no- te & affès de béfogne pour la bien chommer ; je ne la troquerions pas contre la reine, quoiqu'on difiont que s'étiont une Sainte Dame. N'a- vés vous rien dérobé dans le champ de votre voifin ? je fommes plus long- tems couchés que levés ; je ne fom- mes pas farmiers généraux ; fi nous ne voulions pas qu'on premont no- te bian, il ne falliont pas prendre ce- lui d'autrui ; je trouvions cette prati-

que-là plus gentie que le *Pater*. N'a-
vés vous pas juré ? je jurons quelquefois contre nos bœufs pour les faire
marcher ; que dites-vous ? oh ces
mordis chiens de B . . . . . . n'avancront
pas ! croyés vous que vous faites mal
en jurant contre vos bœufs ? je n'en
savons rian ; mais Dame, je jurons
toujours, si vous étiés à note place,
vous jureriés itou. Allés-vous à la
messe ? ne vous ennuiés vous pas à
l'office ? j'y allons les Dimanches &
fêtes, je n'avons point le teins de
nous ennuïer, note Pasteux est un
homme entendu ; il dépêchiont une
grand messe plus vite qu'un déjeuné ;
quelquefois il couront si vite, que je
n'avons pas le teins d'achever note
chapelet ; je le mettons malgré ça
toujours en poche comme il est.
Après cet examen, ne voyant rien de
coupable dans cet homme, je lui donnai l'absolution.

Tous les païsans ne font pas aussi
simples que celui-là ; on trouve chés
eux les crimes du beau monde & des
fages *Déistes* à leur façon. J'allai en

V 3

Bourgogne chès un homme de quatre vingt dix ans , d'un esprit juste & d'un bon sens admirable. Le curé le regardait comme le plus honnête homme de sa paroisse ; il était au lit de la mort, je l'exhortai à ce terrible passage & le *Crucifix* en main, je lui dis , voici, mon cher frère, le salut des hommes, la victime que les *Juifs* ont fait crucifier par les *Romains* : ce n'a point été moi, répondit ce vieillard , je n'en sommes pas la cause. C'est votre Père *Adam* , dont la désobéissance a fait descendre *Jesus* sur la terre ; ah ma foi, je n'étions pas du tems du P. *Adam.* Cependant , mon ami , les *Juifs* ont fait mourir votre sauveur. Les *Juifs* , mon Révérend , avions tort , j'en sommes faché pour lui ; je ne sommes pas *Juif* , je sommes *Bourguegnon* & ne sommes la cause de rian.

Envain je tachai de persuader à cet incrédule les grandes vérités de notre religion, le païsan me répondait éternellement , qu'il n'avait point été du tems d'*Adam* , que si *Jesus* avait été

crucifié, il était innocent des crimes,
dont je l'accufais. Ne croyés-vous
pas, mon ami, à ce que votre Curé
vous a prêché ? un petit ; note Paf-
teux eft un honnête homme, il nous
difiont tant de chofes que je ne pou-
vions les comprendre & fi je ne les
comprenons pas, comment pouvons-
nous les croire ? Quand le Curé nous
difiont : mes Enfans, il fallont vous
aimer les uns & les autres, ne point
dérober vote voifin, ni prendre fa
ménagère, Dame ! j'entendions cela
& je voyons de fuite, fans tant étu-
dier, que c'eft le bon Dieu qui le
vouliont, allés, mon Père, j'ons
aimé Dieu, je n'ons fait tort à perfonne & partant je mourons tranquillement.

Voyant la fermeté de ce païfan, je
crus qu'il était néceffaire de le tour-
menter. La religion m'obligeait à ne
point le laiffer mourir dans fon incrédulité ; j'employai tous les moyens,
j'allumai d'abord, dans la ruelle de
fon lit, les feux dévorans de l'Enfer ; un moment après pour lui ren-

V 4

dre la confiance, je lui peignais le
ciel de son lit rempli d'*Anges-gardiens*,
qui lui apportaient des guirlandes de
romarin ; subitement c'était notre *P.
Ignace*, qui arrivait aux pieds du
lit dans un carosse à six chevaux,
pour le conduire vers *la plus grande
gloire de Dieu*.

Le paysan écoutait mes sermons a-
vec l'indifférence d'un habile machi-
niste ; qui voit passer les petites figures de la lanterne magique ; son âme
grande & élevée, ne voyait point
Dieu dans ces petites choses ; pénétré
des sages bontés de la Providence,
il ne s'effrayait point de sa destruc-
tion ; au moment de rendre l'âme,
il me dit : mon Père, approchés, que
je vous regarde. J'avançai pour lui
donner la consolation de ma face &
saisir le moment critique de la grace.
Le paysan me regarda un instant &
me dit : mon Révérend, les sots ne
sont point faits à l'image de Dieu ; il
leva la tête & fit la grimace au plan-
cher.

Cette mort douce & tranquille m'é-

tenne. Je comptais voir fur le front
de cet homme les pâles couleurs de
l'incrédulité, les convulfions effroya-
bles des pécheurs. Sa mort était le
faint trépas des Héros de nos Légendes. Pour confoler fa famille, affermir, dans le Cœur de fes Parens, la
crainte de Dieu, je fis un difcours
fulminant fur la mort des impies, où
je déplorai les fuccès de la raifon qui
font aujourd'hui tant de ravages en
France, je fis trembler les enfans, qui
étaient des fots & je terminai mon inftruction par des raifonnemens de facriftie, qui les confolèrent de cette
mort affreufe.

La Renommée, habillée en *Arlequin*, tenant d'une main un chapelèt
& de l'autre la trompette peu honnête du temple de la Sottife, publiait
ma gloire dans toutes nos Provinces.
Je courrois les champs, où la raifon
n'a pas encore éteint le flambeau de
la fôi ; mes miffions eclatèrent dans
le monde comme les parades des *Boulevards* ; mes converfions étaient fou-
mifes, comme le théâtre *Français*, à

l'unité du lieu & à la règle des vingt quatre heures ; les *Crucifix*, semés comme la paille, m'attirèrent l'admiration des simples & des sots ; les sages trouvaient de l'indécence d'étaler sur les grands chemins des croix, où la figure de *Jesus* était attachée ; Les *Chrétiens*, un siècle après *Conflantin*, commencèrent à mettre des croix à l'entrée des villes & des Bourgades ; ces croix, appellées *croix de St. Benoit* (1) étaient petites & sans représentation. Les fidéles des premiers siècles laiffoient par refpect le *Chrift* fur leurs autels, ou dans les Eglifes, parce qu'on ne met fur les grands chemins, felon l'ufage de tous les tems, que les roués & les pendus.

Mes *Calvaires* ont été placés à l'entrée des villes & des villages, ils fervent le foir de rendés-vous aux filles. C'eft le concours des amoureux & de leurs maîtreffes, qui les a achalandés Certains Magiftrats benêts ont planté

____

(1) Les Croix anciennes avaient la figure de l'as de Treffle.

des avenues d'arbres jufqu'à mes *Calvaires*, dreffé des bancs à l'entour, où fous l'image d'un Dieu crucifié il fe commet mille indécences. Il eft étonnant que cette manie ait pris dans un fiècle éclairé & qu'il fe foit trouvé des hommes affès bêtes pour feconder mes vertiges. La mode des *Calvaires* a pour époque celle des *Pantins*; nous fommes venus enfemble, ce qui en prouve la fottife & le ridicule.

Je n'avais pas encore parcouru le Diocèfe de *Langers*, que je fongeai à faire la conquête de *Monfeigneur de Montmorin* : je favais que ce Prélat aimait notre fociété ; j'allai le trouver à *Muffi-l'Evêque* ; je l'abordai avec le col tors & l'humble extérieur, dont l'on nous donne des leçons dans le noviciat. Le Prélat, plein d'entrailles pour nous, me reçut agréablement. Je viens, Monfeigneur, lui dis-je, propofer à *votre grandeur* un objet édifiant pour la religion, j'intereffe votre puiffante protection pour faire enchaſſer *St. Joſeph.* dans les litanies de *Lorette*; il eſt ſcandaleux que les Evêques, vos Prédéceſſeurs & les fondateurs de ces extrêmement ſavantes Litanies, n'y aient nullement parlé de *St. Joſeph.*

Ce Prélat fameux par les ſoins vraîment paſtorals, qu'il ſe donne & par ſon attention à ſe mêler des petites tracaſſeries des Nones de ſon Diocèſe (1), fut enchanté de ce grand deſſein : Il comprit la force, que *St. Joſeph* allait donner à la religion & les converſions qu'il opererait auſſi-tôt que les Philoſophes le verraient niché dans les Litanies de la vierge. *Sa Grandeur* m'aſſura qu'*Elle* allait s'occuper utilement de *St. Joſeph.* Comme la gloire de mes *Calvaires* m'intéreſſait davantage que l'Epoux de *Marie*, je propoſai la miſſion ; *Monſeigneur* eut la bonté de parcourir avec moi les villages de ſon Dioceſe ;

---

(1) Il écrit chaque ordinaire aux ſœurs Tourrières de ſon Diocèſe.

nous étions si unis, que nous couchions ensemble.

Dans la mission, que nous fîmes à *Gié*, gros Bourg entre *Chatillon* & *Bar sur Seine*, il m'arriva une avanture assès originale. J'étais couché avec *Mr. de Montmorin*, je m'éveillai de bonne heure & crainte d'interrompre le sommeil du Prélat, je me levai doucement sans chandelle, malheureusement je pris en m'habillant la culotte de *Monseigneur* pour la mienne. J'allai à la Paroisse, où les pauvres, qui m'attendaient selon leur coutume, me demandèrent l'aumône; je leur dis que je n'avais pas le sol, un plus pressant que les autres s'obtina & me dit : mon Révérend Père, regardés un peu dans la poche, ne me refusés pas, je suis dans un besoin urgent. Pour me defaire plutôt de ses importunités, je fouillai dans la poche; quelle fut ma surprise lorsque je trouvai soixante & quelques livres; je les distribuai sur le champ & croyant que cette trouvaille était un miracle, je prêchai trois heures fur cette faveur célefte.

A neuf heures je fortis de l'Eglife pour prendre un bouillon & faluër *fa Grandeur* : en entrant un Domeftique me dit : mon Père, *Monfeigneur* eft encore au lit, vous avés pris fa culotte pour la vôtre. Je fus pétrifié de cette nouvelle, je reconnus la nature du miracle. Comme l'avanture ne pouvait être cachée, l'après midi je fis un fermon à-peu près en ces termes, qui fit rire l'auditoire :

„ J'ai prêché ce matin ; mes très
„ chers frères, un prodige que Dieu
„ femblait avoir opéré en faveur de
„ ma fenfibilité pour les pauvres,
„ n'attribués ce miracle, qu'à la cu-
„ lotte de *Monfeigneur* Votre illuf-
„ tre Evêque couche avec moi, il a-
„ vait mis, par tendreffe pour notre
„ fociété, fa culotte contre la mien-
„ ne ; dans la crainte d'éveiller *Sa*
„ *Grandeur*, toujours occupée de
„ votre falut & de la gloire de notre
„ Compagnie, je me fuis habillé fans

„ lumière & dans l'obfcurité, j'ai
„ pris les culottes de *Monfeigneur*
„ pour les miennes.

„ Ces culottes fantifiées par la
„ charité, benies par le *Pontificat*
„ *Romain* & ornées d'un gouffet,
„ toujours pourvu d'aumônes pour
„ les pauvres ; ont été d'un grand
„ fecours aux néceffiteux, qui fe
„ font préfentés ce matin à mes
„ yeux ; rendés graces à jamais à vo-
„ tre Evêque & vous pauvres, que
„ cette culotte a affiftés, béniffés à
„ toujours les harnas refpectables de
„ *Monfeigneur* ; fes haut de chauffes
„ ont été pour vous comme la rofée
„ du Ciel fur la terre fèche ; la Pro-
„ vidence, touchée de vos befoins,
„ a mis elle-même une main fur cette
„ culotte, *Beati qui efuriunt & fitiènt,*
„ les culottes de *Monfeigneur* les raf-
„ faffiront (*) „.

---

(1) Qu'on ne faffe pas de mauvaifes
plaifanteries fur cette culotte, je ne pré-
tens pas fouiller la vertu de Mr. *De Lan-*

Ce fut dans ce Bourg que nous jettâmes les premiers fondemens de la confrérie du Chapelet. Les filles, qui voulaient être de cette confrérie, promettaient aux genoux du Prélat de ne plus danfer de la vie. Quelques mois après le violon fit malheureufement danfer toutes les Confœurs & la confrérie tomba, comme les murs du village de Jéricho, au fon des inftrumens.

Le Diocèfe de *Langers*, rempli de *Calvaires* ; le Château de *Muffi* meublé d'une boutique de fculpteurs & de peintres pour bâtir & barbouiller nos *Calvaires*, je partis pour la *Bretagne*, où le jeu & la variété de mes miffions m'attirèrent l'admiration du peuple. Je paffai à l'Ifle de *Boin* à l'extrémité du *bas-Poitou*, où un Curé vifionnaire me féconda admirablement.

Pour bigarer cette miffion, nous fi-

---

gres ; je plaifante feulement le ridicule qu'il s'eft donné par fon aveugle attachement pour les *Jéfuites*.

mes

mes couler des petits *enfans Jésus*
de cire : nous les donnions aux filles
les plus dévôtes & en leur faisant ce
cadeau, nous leur disions : voici l'*enfant Jésus*, que nous vous confions
pour le nourrir ; c'est du lait de votre amour qu'il veut être sustenté,
cachés ce dépot sacré aux yeux des
profanes.

La prudence humaine est souvent
trompée. Un garçon boulanger faisait l'amour à une fille, à qui nous
ayions donné en nourrice un de nos
enfans Jésus. Depuis cette acquisi-
tion, la fille paraissait refroidie, son
amant voulait savoir le sujet de cette
indifférence : il redoubla ses soins ; la
fille pressée par sa tendresse lui dit :
Jacques, je vous aime encore, mais
l'*enfant Jésus* m'empêche de répondre à votre ardeur. *Jacques*, qui ne
savait pas le mistère de l'*enfant Jésus*,
lui répondit : est-ce que l'*enfant Jésus* a quelque chose de commun a-
vec notre amour ? te défend t'il, *Janeton*, de m'aimer ? helas ! dit la fille, le *P. Duplessis* m'a donné l'*enfant*

X

Jésus pour le nourrir ; elle expliqua les obligations qu'elle avait contractées en recevant ce présent. *Jacques*, qui connaissait la simplicité de sa maîtresse, lui dit d'un ton plaisant : tu es bête. *Janeton*, le *P. Duplessis* se mocque de toi ; il t'a donné son *enfant Jésus*, à cause que tu as plus de gorge que tes compagnes ; tu te laifses leurer par des moines ? les *Jéfuites* font des drôles, ils tromperaient le Diable. Cette malheureuse fille crût son amant & remit dans ses mains profânes le *Saint Enfant Jéfus*. Le garçon Boulanger alla de porte en porte montrer ce marmouset de cire, en disant au peuple : les Missionaires jouent à la poupée avec les filles.

Le Curé fut irrité de cette avanture ; nous crûmes l'*enfant Jéfus* déshonoré à jamais ; nous allâmes le foir en furplis & en étole le reprendre chés le Boulanger, à qui nous fimes une exhortation. Le malheureux eut l'audace de nous dire que nous étions des foux, des fanatiques & des Prêtrès bien mèchans de venir chés lui avec cette pompe ecclésiastique. Comment, morbleu ! vous est-il permis de me perdre dans l'esprit des parens de ma maîtresse, de me faire un tort irréparable ? j'étois à la veille d'un établissement honnête & votre zèle aveugle perd ma fortune.

Cette histoire fit du bruit. Après mon départ le Curé continua l'usage de ses *enfans Jesus. Mr. de la Muffencher*, Evêque de *Nantes*, instruit par les Magistrats de *Boin* de nos marmousets de cire & de l'accident arrivé à quatorze filles, à qui nous avions fait tourner la tête, donna des bornes au zèle indiscret du Curé & lui ordonna surtout de faire de la bougie avec ses *Enfans Jesus*.

Je vins à Paris me délasser de mes courses apostoliques. Je prêchai un jour à *St. Morceau*; ma femme, que je croyais morte, était au sermon; elle m'examina longtems & me reconnut. Le même soir elle vint me trouver au Couvent: quelle fut ma surprise, lorsque je vis *Pacifique !* mon devoir était de sauter à son col ; la religion m'avait durci le cœur, je crus qu'il était plus chrétien de lui parler avec indifférence. Je priai Madame *Dupleſſis* de ſe trouver le lendemain chés une Dame de mes dévôtes.

Je communiquai à nos Pères cette avanture ; elle leur parut de conſequence ; ils décidèrent qu'il fallait acheter le ſecrêt de Madame *Dupleſſis*. J'allai avec le *P. Recteur* au rendés vous. Ma femme dans l'intervalle avait conſulté ſon confeſſeur, il n'aimoit point les *Jéſuites* ! pour nous ridiculiſer, il a fait à *Pacifique* un cas de conſcience de notre ſéparation & l'obligea à ſe rejoindre à ſon mari.

Madame *Dupleſſis*, malgré ſon grand âge, avait encore du tempéramment, c'eſt le dernier mourant des femmes. Monſieur, me dit-elle, notre engagement ſubſiſte, les hommes ne peuvent rompre ce que Dieu a conjoint, ainſi Père Recteur, il me faut Monſieur *Dupleſſis*. Madame, dit le Recteur, à votre âge devés-vous ſonger à la bagatelle ? c'eſt une tentation du Diable ; pourquoi , répondit-elle vivement , mettés-vous le Diable dans le Sacrement de l'Egliſe ? mes feux ſont légitimes : mais , Madame , comme vous ne pouvés plus engendrer , ce ne peut être qu'un eſprit de libertinage , qui vous faſſe reclamer les douceurs d'un Epoux. Qu'appellés-vous s'il vous plait un libertinage ? le ſaint Sacrement de Mariage n'eſt il pas auſſi pour la bagatelle ? s'il n'y avait pas de divertiſſement , perſonne ne ſe marierait : enfin point tant de raiſons , je veux mon mari. Ma chere *Pacifique* , lui dis je , je ſuis trop vieux pour vous procurer les douceurs joyeuſes de ce Sacrement : bon , bon , je vous rajeunirai ; voilà vingt ans de célibat, le jeûne échauffe , à mon âge on peut le rompre , ma conſcience m'oblige à reclamer mes droits , à courir au reméde , enfin la chair me ſollicite.

Une vieille ſorcière de femme , qui a des droits de cette nature ſur un

mari , eſt cent fois plus jalouſe qu'u-
ne jeune perſonne. Voyant donc
Pacifique obſtinée à ſe réunir avec
moi , craignant l'éclat de cette affaire , nous la priâmes de ſe contenir
encore huit jours , de paſſer à la maiſon profeſſe , qu'on ſatisferait ſes dé-
ſirs. Nous conſultâmes , nous péſâ-
mes cette réunion dans la balance de
la ſociété. Nous fimes conſtruire une
priſon dans un lieu écarté du Couvent & lorſque Madame *Dupleſſis*
vint me voir , on l'enferma dans ce
cachot. Notre frère Apoticaire lui
donna quelques potîons d'*Agnus Caſ-
tus* qui la rafraichirent. Ennuiés de
la voir exiſter , nous donnâmes la
Commiſſion à notre frère *Terrible* de
lui adminiſtrer quelqu'échantillon de
verd-de-gris. Nous crûmes qu'il était
permis de faire ce mal pour empêcher un grand ſcandale. Cette conduite était une conſéquence naturelle
de nos principes , un peu meurtriers
au prochain à la vérité , mais ſalutai-
res à la compagnie.

Pour diffiper l'aventure de *Pacifique*, j'allai paffer quelque tems à
Muffi l'Evêque avec mon bon ami.
Je trouvai notre manufacture de *Calvaires* en bon train ; une nouvelle
boutique de relieurs, occupés à bro-
cher l'*Hiftoire du peuple de Dieu* &
celle *du peuple Chrétien* de notre cher
confrère *Berruyer*. Monfeigneur *de
Langres* avait fait à fes dépens une
édition de trois mille exemplaires de
cet ouvrage, pour en faire des préfens aux nônes de fon Diocèfe ; il
trouvait ces livres plus édifians que
l'*Ecriture Sainte*. Voyant le Prélat
fi bien difpofé, je parlai de faire
imprimer une belle édition de *Bufembaum*, commenté par le *P. de la
Croix*. Monfeigneur, d'une maifon
illuftre & attachée à fes Souverains &
lui-même aimant tendrement le Roi,
fe facha de ma propofition. Depuis
ce moment je ne couchai plus avec
lui.

Mr. *de Langres* alla *aux Ormes*
paffer quelque tems avec Mr. *d'Ar-*

genson. Ce Ministre exilé conservait depuis cent ans dans sa famille une lettre cachetée de *St. François de Paul*, que le saint avait laissé en mourant à cette maison avec ordre de l'ouvrir en 1759. Comme l'on croyait que cette lettre misterieuse pouvait contenir des objets intéressans pour la religion, ou l'Etat, on en avait instruit le Roi. Mr. *de Langres* la porta à *Sa Majesté*, qui la décacheta. On a gardé le silence sur ce qu'elle contenait.

Des personnes à conjectures ont pensé que le Saint annonçait la chute ne notre société en *France*, qu'il priait le Roi de laisser à son Parlement l'instruction de nos affaires ; que la décision de ce corps respectable touchant notre société serait la volonté du ciel. Cette lettre, disaient les autres, ne dit peut-être rien ; les saints sont un peu mistérieux ; mais pourquoi tant de précautions, tant de cérémonie pour

(313)

apprendre des riens? l'on permet cela à *Caraccioli* (1).

En quittant Mr. *de Langres*, j'allai
en million à *Boulogne fur mer*. Pendant que j'expédiais les pénitens de
cette ville, une Dévôte m'envoya
chercher pour exorcifer fes latrines,
d'où depuis longtems on entendait les
cris difgracieux d'un Animal vorace.
Les femmes du voifinage & les beaux
efprits *picards* ne doutaient nullement
que ce ne fût un Démon, qui aimait
prodigieufement la merde. Les Théologiens s'exerçaient avec leur achar-
nement ordinaire fur ce fujet. Les
Capucins, les Moines vivaient de ces
latrines & en tiraient nombre de Mef-
fes & de Neuvaines.

Un Démon qui aimait la merde pa-
raiffait inconnu à l'*Ecriture Sainte* &
donnait de l'embarras à Mr. l'Evêque
de *Boulogne*. On confulta l'Evangile,
les vieux rituels, pour favoir de quelle

____

(1) l'Hiftoire de cette Lettre eft exactement vraie.

nature était ce, Démon. *L'Ecriture* affurait que les Démons en général aimaient les lieux fecs & arides, &
c'était la raifon pourquoi la *Thebaïde*
où vivait *Antoine*, était remplie de
Démons ; parceque les Démons, autant que leur état le permet, ont un
intérêt conftant de prouver la vérité
des Saints Livres.

Le Démon, bourgeois des Latrines
de *Boulogne*, paraiffant étranger &
tout à fait inconnu à l'*Ecriture*, il
donna de l'occupation aux Proffef-
feurs du féminaire, qui prétendaient
que celui-ci fouffletait l'*Evangile*, parce que les Latrines font des endroits
commodes, puifqu'on les appelle par
tout *des Commodités*. Des Latrines n'é-
taient point des lieux arides & fecs,
la plûpart dégorgent d'abondance &
de fertilité.

Après beaucoup de difcuffions, a-
près avoir confulté les Pères, les
Commentateurs facrés, on décida
comme de toutes les chofes qu'on
n'entend point, que c'était un Dé-

mon extraordinaire que Dieu avait
fufcité dans fa miféricorde pour avertir les *Boulonais* de fonger efficace-
ment à leur falut; que ce Démon
ayant été attaqué aux dents de la
rage de *St. Hubert*, la faim l'avait
obligé de quitter les Campagnes arides pour paturer dans un terrein gras.

On fabriqua un mandement, dans
lequel on excommunia tous ceux qui
ne croiraient pas aux Démons des Latrines. On prouva dans ce judicieux
ouvrage que les Démons étaient néceffaires au falut des hommes, qu'ils
fe faifoient un plaifir de les perdre, at-
tendu qu'ils avaient gagné quand ils
les avaient perdus. Le Légiflateur des
Chrétiens, ajoutait-on, eft mort pour
remporter la Victoire fur le Démon;
que malgré cet avantage il fallait
pour la gloire de Dieu que le Démon
ait le pouvoir de nous tenter; que
l'homme n'avait point affés de fa
propre faibleffe, qu'il lui fallait un
Diable, puifque *Jéfus* avait été tenté
par un Diable dans le défert, & pour

foutenir le fiftême de la tentation, le ciel accordait un *Ange Gardien* à chaque homme pour contrebalancer la puiffance du Diable.

N'écoutés point, mes chers frères, difait le mandement, les Philofophes de nos jours, ils fe fervent utilement de leur raifon, comme le flambeau que Dieu leur a donné pour les conduire furement dans cette vie. La raifon eft bonne pour les fages & les Philofophes, mais on ne peut aller au Ciel avec elle, puifqu'il faut renoncer à fa raifon pour acquerir la gloire éternelle.

Hélas, mes Freres! ces Philofophes impies vous diront : pourquoi Dieu nous a t'il donné l'embarras de combattre le Démon ? pourquoi nous expofe t'il à chaque pas à fes pieges ? Dieu n'avait qu'à détruire tout naturéllement le Démon, plus de Démon, plus de tentation ; Dieu pouvait-il le détruire, ou ne le voulait-il pas ? ah, mes Freres ! ne croyés pas à la raifon, attachés-vous à la réligion ; elle eft venue après la raifon

& conféquemment elle eft préférable à la raifon, à caufe de ces paroles de l'Evangile, *& erunt noviffimi primi.*

Croyés plutôt aux mandemens des Evêques de *Bretagne*, qui ont rajeuni depuis peu le culte des *Anges Gardiens*. Vous en avés vû la preuve, dirent ces Prélats éclairés, dans l'horrible attentat de *Robert Damien* ; l'*Ange Gardien* du Roi a triomphé du Diable de *Robert* ; il aurait cependant mieux fait de détourner ce monftre de fon deffein exécrable ; la *France* aurait moins craint pour les jours d'un Roi, fi aimé de fes peuples.

Malgré les cenfures eccléfiaftiques le Diable vivait dans les Latrines, comme un gros moine dans l'Abbaye de *St. Germain*. Vingt muids d'eau benite, lancés fur fa retraite, tous les exorcifmes des *Minimes de Boulogne*, les faintes prières des *Capucins*, ne pouvaient le faire fortir de cet endroit : ma voix miraculeufe ne fit guères plus d'impreffion fur lui.

Après avoir épuifé les tréfors fé-
conds de l'Eglife, on s'avifa d'ouvrir
la voûte des Latrines. Quelle four-
ce de plaifanteries ! on y trouve un
cochon. Il fait rire toute la ville
& occafionne un procès, dont voici
l'hiftoire.

Une fervante avait apporté du
marché un cochon de lait, qui s'é-
tant échappé de la cuifine, alla fe
refugier dans les Latrines. Ces
commodités touchaient à une La-
trine d'une maifon abandonnée.
L'Animal fe retira dans la vuide & allait faire fes orges dans celle qui était pleine. Le cochon a-
voit groffi dans cette terre d'abondance.

Dans le tems que le Démon des
Latrines était encore cochon de lait
& qu'il fut perdu, la Dame du
logis l'avait retenu fur les gages
de fa fervante. Cette dernière,
voyant qu'il avait profité, prétendit
qu'il était à elle, fa maîtreffe le lui
difputa ; on entre en procès & le
juge décida en faveur de la fer-

vante, qui vendit le cochon vingt
écus (1).

Notre conduite coupable au *Para-
guai*, les avis que *Benoit XIV.* avait
donnés aux Rois d'*Espagne* & de *Portugal* de l'autorité que nous avions
usurpée sur les peuples, le crime de
Leze-Majesté que nous avions commis au premier chef, en faisant tirer
sur les troupes de nos Souverains &
en interceptant leurs vivres ; l'assas-
sinat du Roi de *Portugal* ; l'horrible
fanatisme de notre Frère *Damien* ;
nos livres pernicieux & le procès du
P. la Valette que nous perdîmes si
malheureusement, parceque le Parlement ne voulut pas nous permettre d'être frippons. Ces malheurs
causèrent ma perte & celle d'un
ordre, qui a fait tant de mal

─────────────────────

(1) Toute la Ville de Boulogne affirmera
cette avanture.

au genre humain. Je me fuis re-
tiré chès une Dévôte, d'où j'admi-
re la main vengereffe du Tout-puiffant, qui nous recompenfe, comme
nous le méritons, du mal que nous
avons fait fi impunément aux hommes.

F I N.